說話沒有邏輯當

著作
劉惠丞，肖勝平

前後矛盾、長篇大論、盛氣凌人……

別再怪人不願傾聽，你應該先檢討自己！

內心明明很有想法，話說到嘴邊竟然大舌頭？
想要有條有理地說服他人，最後卻變成嗓門大比拚？
邏輯很強卻長篇大論，只會讓人昏昏欲睡，該如何引起聽者興趣？

訓練口才不光要會說話，察言觀色的本領更不可少，
別急著打臉別人，先磨練表達的藝術吧！

幽默自嘲、反話激將、委婉表述、傾聽讚美……
本書完整傳授 16 種表達方法，讓你安心說話不踩雷！

目錄

CONTENTS

序言 —— 好口才有多重要

>> （一）

　　每個正常人從咿啞學語起，到壽終正寢止，在幾十年的光陰中，不知道要說多少話。朱自清在〈說話〉一文中說：「人生不外言動，除了動就只有言，所謂人情世故，一半兒是在說話裡。」我們天天說話聊天，不見得就能熟能生巧，個個練出好口才。許多人說了一輩子話，沒有說好幾句話；一些人就憑幾句好話，千百年來讓人津津樂道。

　　在歷史的長河裡，有不少因絕佳的口才而閃耀光芒的人。戰國時期，口才大師蘇秦與張儀，一縱一橫，皆詞鋒銳利、議論透闢、推事論理、切中時弊。他們「一怒而諸侯懼，安居而天下息」，可謂憑口才而縱橫天下。三寸之舌，強於百萬雄兵；一人之辯，重於九鼎之寶。一句話的巨大影響力甚至是你所料想不到的，劉備一言可以誅呂布，敬新磨片語能夠救己命……你說口才有多厲害！近現代的諸多偉人，亦同樣皆具備縱橫天下的口才，華盛頓、林肯、羅斯福、邱吉爾，哪個不是口才高手？

>> （二）

　　同樣意思，用不同的方式來表達，其效果有天壤之別。李四沒有遵守對張三的承諾，張三對李四說：「你為什麼要欺騙我？」這話可能引起李四的不快與反感，繼而引發一場意

氣之爭或口水之戰；但若換成「你這樣做讓我很難過」，或許李四會心生內疚並極力彌補他的過失。這只是日常生活中一個極其微小的例子，但從中可以看出口才的重要性。古文《尚書》有云：「唯口，出好興戎。」大意是：口可以說出良言而成為好人，也可以說出惡語而成為讒賊寇仇，這其中的分野在於口才的好壞。

什麼樣的口才才能稱得上好口才呢？一句話：在恰當的時機，對恰當的人，說恰當的話。要做到這三個「恰當」，並不是一件容易的事。口才並非只是嘴上的功夫，它是一個人綜合素養的集中展現。一個人若沒有廣博的知識，沒有開闊的視野，沒有良好的心態，沒有嚴密的邏輯，是不可能擁有良好口才的。

>> （三）

古龍說：「有人的地方，就有江湖！」在武俠世界裡，俠客們依靠武功行走江湖；在現實世界裡，我們要靠口才縱橫天下。現今人與人之間彼此的依存度愈來愈高，作為溝通與協調的重要武器 —— 口才，也就愈發顯得重要起來。上乘的口才高手，能夠把一張嘴變成解決困難和成就大事的殺手鐧。

如果說語言是思想的衣裳，那麼口才則是語言這件衣裳的裁縫。如何將語言裁剪成美麗得體的衣裳，需要你進行全方位的、持續的學習與努力。而良好的口才，不僅能為人帶來溝通的順暢，還能帶來自信與融洽的人際關係。一個人在別人面前、在眾人面前，若能夠清晰準確地、生動形象地表達出自己的思想和意念，這個人的自信心必定會大增，性格

也會愈來愈溫煦與美好。而人際關係的好壞和口才的高低更是有直接的關係,「良言一句三冬暖,惡語傷人六月寒」——怎樣說、多說良言不出惡語,還真的不只是個人的意願問題,更涉及口才的高低。

口才是否高超,關乎一生成敗。遺憾的是,在我們身邊,常常會看到有些人願意窮其一生去學習各種專業知識,卻忽略了口才能力的訓練和提升。他們認為口才不過是嘴上的花拳繡腿而已,中聽不中用。相信有這樣偏見的人,在閱讀完本書後會改變看法。

肖勝平

前奏 ——
誰是口才最好的人

誰是口才最好的人—
是那個天花亂墜，能把一堆稻草說成一座黃燦燦的金山的人嗎？
是那個出口成章，把語言包裝得像情人節的禮品般漂亮的人嗎？
是那個言辭凌厲，把別人說得節節敗退無任何反擊之力的人嗎？
是那個搖舌鼓唇，天文地理前五百年後三百年無所不談的人嗎？
經過我們的細心觀察，專心分析，用心比對，我們發現—

口才最好的人，是一個講道理的人。世間萬物都脫離不了一個「理」字，誰不講理，就會遭到報復 —— 這是「天理」。俗話說得好：有理走遍天下，無理寸步難行。良好的口才，首先要建立在講理的基礎之上。但「理」這個東西，看不見摸不著，人人都難免有困惑的時候。這時候，就需要一個來「說理」的人，或用確鑿的事實、清晰的表達，來說明事理的必然，或用客觀的理論、嚴密的邏輯，來證明事理的正確。

劉邦在打下江山後，喜歡到皇家園林上林苑打獵消遣。上林苑占地很大，丞相蕭何向漢高祖劉邦建議將苑中的大片空地劃讓給老百姓耕種。劉邦一聽，大為光火，認為蕭何膽大包天，居然要來動皇家腳下的土，一定是接受了老百姓的大量錢財，才這樣為他們說話辦事。於是蕭何被捕入獄，同時接受審查準備治罪。就在這緊要關頭，劉邦旁邊的一位侍衛官上前向劉邦進言：「陛下是否還記得當年楚漢戰爭以及後

來剷除叛軍的時候？那幾年，皇上在外親自帶兵討伐，只有丞相一個人駐守關中，關中的百姓非常擁戴丞相。假如丞相稍有利己之心，那麼關中之地就不是陛下的了。您認為，丞相會在一個可謀大利而不謀的情況下，去貪百姓和商人的一點小利嗎？」沒有風險的大財都不去貪，更不會冒風險去貪圖一點小利——這就是「理」。劉邦在道理面前也不得不低頭，當天便下令赦免蕭何。

口才最好的人，是一個有感情的人。當曉之以理行不通時，口才高手會動之以情。再硬的漢子，在真情面前也會被軟化。因此，在與人溝通中，除了要善於使用能闡明觀點的話語外，還要懂得以情動人，多使用具有情感交流作用的詞語來舒緩氣氛、溝通心靈、順理情緒。這個世界最難征服的不是山峰是人心。如果你學會了用感情去征服人心，你的口才將會更上一層樓。

兩位退休老人，是多年的同事加鄰居，只因為各自不懂事的小孫子打架而造成了隔閡，互不說話、形同陌路。其中一位多次上門想化解，但總是沒有取得什麼效果。這次他又上門了，對不肯和好的老人說：「我今年六十二歲了，你比我大三歲，六十五了吧。記得我們那一批年輕人剛進廠時，二十出頭，多年輕！我們一起打籃球，摸魚。有一次去鄉下偷新鮮的玉蜀黍，被農民一陣猛追，我爬不上那個山，幸虧你在上面幫了我一把，要不然就被捉住，說不定會被打呢。現在，當年的那幫調皮年輕人，有幾個都不在人世了，唉……我們也是半截身子入黃土了，還有多少年能活呢？想一想，為了小孩們的那點小事情生氣，真不值得呀。難道我

們還要把這些不好的東西帶到墳墓裡去嗎？」這番話，完全拋開誰對誰錯的糾纏，直接將矛頭對準人的情感。有道是「通情達理」，情一通，理就自然達了。上面那位老人的話，即使是讓鐵石心腸的人聽了都找不到拒絕的理由。

口才最好的人，是一個口吐芬芳的人。口才高手早就知道：人人都喜歡聽好話、受讚美。口才高手還知道：在這個物價高漲的社會，美麗的辭藻是為數不多的免費「物資」之一。除此之外，口才高手的出眾之處更在於：知道如何恰當地讚美別人。讚美是一門精緻的藝術，口才高手們總是能不露痕跡地說到別人最受用的地方。

美國前總統柯立芝（John Calvin Coolidge），發現自己的女祕書在工作上經常出現差錯，便決心幫助其改正。一天早晨，柯立芝看見女祕書走進辦公室，對她說：「今天妳穿的這身衣服很得體，妳穿著得很漂亮。」女祕書受寵若驚，柯立芝接著又說：「要是妳能把公文處理得也和妳的衣服一樣漂亮，那就更完美了。」從那天起，女祕書在工作上很少再出錯了。看看，即使是一句批評的話，因為有了讚美的糖衣也顯得那麼令人受用。讚美之言，猶如陽光普照萬物，讓身處其中的人熠熠生輝；讚美之言，猶如一張甜蜜的羅網，讓身處網中的人心甘情願被俘虜。

口才最好的人，應該也是一個幽默風趣的人。口才再好，若是沒有幽默感，就好比一個園林裡樓亭閣榭，有山有水，有草有木，就是沒有花。沒有花的園林，布局再合理，也少了些靈氣與生動；沒有幽默的口才，說話再雄辯，同樣也少了些靈氣與生動。

　　一個顧客在酒店喝酒，他喝完第二杯後，轉身問老闆：「你一星期能賣多少桶啤酒？」「五十桶。」老闆得意洋洋地回答說。「那麼，」顧客說，「我倒想出一個能使你每星期賣掉一百桶啤酒的方法。」老闆很驚訝，忙問：「什麼方法？」「這很簡單，只要你將每個杯子裡的啤酒裝滿就行了。」這位顧客的本意是指責老闆賣的一杯啤酒只有半杯，但他卻用了一種幽默的方法，巧妙地指責了老闆的行為。

　　除了我們上面所提及的外，口才高手還具有很多鮮明的特徵，如果你想一一了解，也想成為口才高手，那麼就請繼續往下讀吧！

第一章

講理，出身名門正派的武功

　　世間萬物都存在一個「理」。「理」是自然界客觀存在的一種規則，或是事物運行的一種規律，或是人與人約定俗成的一種規範。月球講「理」，所以能圍繞地球轉，它若不講「理」，就會發生大碰撞。人要講「理」，你不講「理」，「理」就會用它的方式來報復你。

　　俗話說得好：有理走遍天下，無理寸步難行。良好的口才，首先要建立在講理的基礎之上。但「理」這個東西，一般看不見摸不到，人人都難免有困惑的時候。這時候，就需要一個來「說理」的人，或用確鑿的事實、清晰的表達，來說明事理的必然，或用客觀的理論、嚴密的邏輯，來證明事理的正確。

　　以理服人是口才當中最為「名門正派」的功夫，相當於武林當中的少林、蛾眉、武當等正門正派的「以德服人」，口才縱橫術的第一招第一式，非此莫屬。

梅法官的高超口才

　　「二戰」結束後，盟國組成遠東國際法庭，十一個戰勝國的法官組成的審判團將對日本戰犯的惡行進行審判。

　　當庭長衛勃宣布法官的座次安排為「美國、英國、中國……」時，中國法官梅汝璈立即舉手：「我不同意。」梅汝璈說：「我認為應該按日本受降書簽字順序安排法官座次。中國應該排在第二位，也就是說，美國之後，應該是中國。」衛勃笑了：「梅博士，我們是來審判戰爭罪犯的，為什麼對這樣一個小小的問題如此在意呢？」「這個問題一點都不小。何

況真理只有深淺，沒有大小之分。」梅汝璈隨即又虛晃一招：「如果不按受降書簽字順序，我提議另一個最公平的方法，我們量體重，按體重輕重決定座次。」在聽到有人說法庭不是拳擊場不需要按照體重排序時，梅汝璈說：「如果不按體重排座次，那麼我認為唯一公平的就是按受降書簽字順序排名。我一點都不希望我們的國際法庭變成拳擊場。」

外交無小事，一個座位次序問題會被賦予很深的涵義。在爭取國家應得的尊嚴上，梅汝璈先是提出自己的觀點：應該按照受降書簽字順序安排法官座次才公平合理。如果不能，梅汝璈提出了一個輕鬆有趣的公平方法：按照體重來排。當然，他自己也知道這是不可能的。他之所以這樣提議，一則暗示了按照受降書簽字順序安排的方法外，找不到更合適的方法了（只好按照體重），二則有緩和氣氛之效用。梅汝璈的口才，可謂有理有據兼有節。

直接告訴他利害關係

「橫看成嶺側成峰，遠近高低各不同，不識廬山真面目，只緣身在此山中。」蘇軾這首詠廬山的詩揭示了一個深刻的道理：處身其間的人，往往看不清事物的本質。

人們經常會被情感、欲望以及種種錯綜複雜的事件蒙蔽了雙眼，以致不能明白一些最簡單的道理。想要用語言打動別人，就常常需要幫助對方撥開眼前的迷霧，拓寬狹隘的視野。這就不僅需要一個如簧之舌，還要有透過現象抓住本質的銳利眼光。抓住問題的利害，條分縷析、一針見血，這樣

說出來的話就能擲地有聲、振聾發聵。

卡內基曾經租用紐約一個飯店的會議室來舉辦講座，每個季度需要使用二十個晚上。但是剛租了一個季度，飯店就通知卡內基：要求他付出比以前高三倍的租金。此時，講座正辦得如火如荼，廣告也已經在很多地方公布了，改換場地損失將是巨大的。看來，飯店也正是掌握了卡內基生意紅火、不願意改換場地的心理，才敢漫天要價。

卡內基非常不想換場地，同時也極其不想多付房租（特別是一下子漲了幾倍）。怎麼辦呢？如果是你，會氣憤，會抓狂嗎？

卡內基很冷靜。他找到飯店經理，對他說：「收到您的信，我有點吃驚，但是我沒有理由怪您，如果我是您的話，我也可能會這麼做的。您身為飯店的經理，有責任盡可能增加飯店收入。」接著，卡內基話鋒一轉：「但是您也不能不仔細考慮一下增加租金後的利和弊。」說著，卡內基很快拿出一張白紙，在紙的中間畫上一條線，一邊寫上「利」，一邊寫上「弊」。

在「利」這邊，他寫上：會議室空下來。然後他說：「當然，您可以把會議室再租給別人開會或者舉辦講座，這樣您可以增加不少收入。但是，您得冒一定的風險，屋子不一定就能租出去。」他又拿筆在「弊」這邊寫：「我無法支付您所要求的高額租金，所以，您不僅不能從我這兒增加收入，反而會減少您的收入。這是第一點。還有一個壞處，我的講座將會吸引不少受過教育、水準很高的人到您的飯店來。這對

您們飯店將是一個很好的宣傳，不是嗎？事實上，即使您花錢在報紙上做廣告，也不一定像我的課程這樣吸引這麼多人來看您的飯店。」卡內基寫完，把紙遞給飯店經理，懇切地說：「我希望您能好好考慮這件事的利和弊，然後告訴我您最後的決定。」

第二天，卡內基就收到了飯店經理的電話，說租金只漲百分之五十，而不是三倍。卡內基欣慰地接受了這個折衷的結果。

俗話說：有理行遍天下。為什麼？因為「理」是規範大家行為的一把尺，一個人不講理，會損害其他人的利益，遭到其他人的唾棄、譴責與攻擊。有理才會有利，而「趨利避害」是人之常理。因此，開門見山，直接告訴他人這樣做的利、那樣做的害，不失為一個可取的講理方法。相信如果你是經理，也會這樣做的，因為你也會被卡內基所說服。而如果你是卡內基，你會像他那麼做嗎？

有些人在說服他人接受自己的觀點時，一開始就站錯了隊，他們總想達到說服他人的目的，卻忽略了對方的感受，結果激起了被說服者的叛逆心理。

在說服別人時，首先要站在對方的立場上，考慮問題的利害關係，把對被說服者有利的因素一一陳述出來，這樣，被說服者會認為你是誠心誠意地為他著想，認為你是一個值得信任的人。這時，他的心理防線便會逐漸鬆弛下來。在這種情況下，就會很容易地實現說服目的。

說話時，如果只圍繞自己的利益講話，別人會懷疑你的

動機，這是一種正常的心理狀態。雖說「人之初，性本善」，但經過現實生活的洗禮，人們善良的本性也可能會有所改變，嫉妒、懷疑便成了現代社會的「特產」，有些人在這種「風氣」下，會變得愈來愈敏感、愈來愈務實，凡是觸及自己利益的問題，都要仔細斟酌。在這種大趨勢下，如果說話時不注意這一點，很可能招人非議。

人們在利益面前，很少有躲避心理，當你站在被說服者的立場上考慮問題時，被說服者會認為你是在為他的利益著想。但是，如果直接說出來，他們往往會懷疑你的動機。因此，說服別人時要學會用利益去打動別人。利常在理中，利益清楚，理也就明白了。

我們說直接告訴別人利害關係，並非虛張聲勢的恐嚇，或咄咄逼人的威脅。那種「如果你這樣，我就要那樣」的話，不是說理。恐嚇與威脅，本身就是不講理。說理要說得別人自己醒悟，心服口服。

西元前六三〇年，晉文公和秦穆公聯手進攻鄭國，不一會兒功夫就兵臨鄭國國都，把鄭國國都團團圍住。甕中之鱉的鄭文公失去想法，求老臣燭之武設法解圍。當夜，燭之武乘著天黑叫人用粗繩子把他從城頭上吊下去，私下會見秦穆公。

晉文公和秦穆公雖然結成了同盟，但身為春秋時期的兩位霸主，他們之間也免不了常明爭暗鬥。燭之武巧妙地利用他們之間的矛盾，對秦穆公說：「秦晉聯軍攻打鄭國，鄭國怕是保不住了。要是鄭國滅亡對您的國家有好處，我就不會為

這件事來勞煩您。從地理位置上講，您的國家和我們鄭國之間還隔著一個晉國，鄭國滅亡後您要越過晉國來控制鄭國，恐怕是難於做到的吧？您滅掉鄭國只會加強晉文公的實力。秦晉本來勢力相當，這回晉文公實力的加強，就是您實力的削弱。如果您放棄滅亡鄭國，作為您東進路上的主人，您的外交使者的來往，鄭國可以供給他們資糧屋舍，對您多少有點好處。」

看秦穆公似乎有所動搖，燭之武繼續添了一把柴：「再說，晉文公這個人你又不是不知道，他的欲望是很難滿足的。您曾經對他有恩，他答應給您焦、瑕兩地，可是他早上渡過黃河，晚上就在那裡構築好了防禦工事，這事您是知道的。晉文公今日東進滅鄭國，他日必然會西上攻秦。您難道忘了晉國假途伐虢的教訓了嗎？」

秦穆公是何等人，一聽自然就掂量出輕重了。秦晉兩國都是強國，他們結成「秦晉之好」滅鄭，都是無利不起早，奔利而去的。可是經燭之武一分析，秦穆公發現在滅鄭這場殺戮中，自己非但得不到絲毫好處，還存在極大的隱患，而得到好處的都是晉文公。而如果不滅鄭的話，秦鄭友好，鄭做東方道上的主人，秦國便能得到好處。損人不利己的事情，本來就做著無趣，更何況損人兼損己呢？於是，當即頓首稱是，遂與鄭文公結盟，又派遣杞子、逢孫、楊孫等人在鄭國戍守，然後撤軍返歸。晉文公見失掉同盟國家，也就沒有繼續進攻鄭國。

由此可見，將事情掰開揉碎，利弊各自分開，不需多言，其理自明。俗話說：人不為己，天誅地滅。這話說得雖

有點殘酷，但確實也是人性的弱點。

用明顯事實來支持自己

宋玉，是戰國後期楚國的一位文學家。不但文章出色，據說還儀表堂堂、英俊不凡。當時的大夫登徒子，曾在楚襄王面前攻擊文學侍從宋玉「好色」，襄王便把宋玉找來問話。

宋玉辯解說：「沒有這回事。相反的，好色的不是我，恰好就是登徒子自己。」楚襄王問他有什麼依據。宋玉就說自己有位女鄰居長得豔若天仙，沒有一處不美，「對方常常攀登牆頭來偷看我，已經整整三年，我至今都沒有理過她」。

接著宋玉又說到登徒子，大意是：「至於登徒子，就和我截然不同了。他的妻子蓬頭垢面、耳朵痙攣，嘴唇外翻、牙齒參差不齊，彎腰駝背、走起路來還一瘸一拐的。這樣的女人，登徒子卻與之結為夫妻，已經和她生了五個孩子了。」

最後宋玉反問楚襄王：「您看，我們倆究竟誰才是好色之徒呢？」襄王聽了，覺得似乎也有道理，也就算了。

這是宋玉在〈登徒子好色賦〉中寫的故事。故事中，宋玉用兩個事實的對比，明顯得出了「誰才是好色之徒」的答案，讓襄王不得不信服。我們在講道理說服人時，要注意少用大道理，多借用事實與事例。講大道理容易出現一種教訓人的口吻，何況不少人從小到大聽了很多的大道理，早就麻木甚至反感了。

歷史的事實也可以用來作為說理的依據。歷史常有驚人

的相似，因此有所謂「以古為鑑，可以知興替」一說。

　　一九三七年十月十一日，羅斯福總統 (Franklin Delano Roosevelt) 的私人顧問亞歷山大·薩克斯受愛因斯坦等科學家的委託，在白宮和羅斯福進行了一次會談。會談的主要目的是，要求總統重視原子能的研究，搶在德國之前製造出原子彈。

　　薩克斯先向羅斯福面呈了愛因斯坦的長信，接著讀了科學家們關於發現核裂變的備忘錄，然而，總統對這些枯燥、深奧的科學論述不感興趣。雖然薩克斯竭盡全力地勸說總統，但羅斯福在最後還是說了一句：「這些都很有趣，不過政府若在現階段干預此事，似乎還為時過早。」

　　這一次的交談，薩克斯失敗了。

　　第二次，羅斯福邀請薩克斯共進早餐。薩克斯十分珍惜這個機會，決定再嘗試一次。薩克斯知道總統雖不懂物理，但對歷史卻十分精通。

　　「英法戰爭期間，」薩克斯開始談歷史，「在歐洲大陸勇往直前的拿破崙，在海戰中卻不順利。這時，一位年輕的美國發明家羅伯特·富爾頓（Robert Fulton）來到這位偉人面前，建議把法國戰艦上的桅杆砍斷，裝上蒸汽機，把木板換成鋼板，並保證這樣便可所向無敵，很快拿下英倫三島。但是，拿破崙卻想，船沒有帆就不能航行，木板換成鋼板船就會沉沒。他認為富爾頓是個瘋子，把他趕了出去。歷史學家在評價這段歷史時認為，如果拿破崙採取富爾頓的建議，十九世紀的歷史將會重寫。」

　　薩克斯講完後，目光深沉地注視著總統。他發現總統已陷入了沉思。過了一會兒，羅斯福平靜地對薩克斯說：「你勝利了！」薩克斯激動得熱淚盈眶，他明白勝利一定會屬於盟軍。

　　引用史實可以借助史實無可辯駁的說服力，生動形象而且引人入勝，有助於人們從中得出結論。

　　身邊的事實更是不可錯過的有力證據。〈一個遺臭萬年的日子〉是美國第三十二屆總統羅斯福的著名演說。全文不到一千字，列舉敵國侵略罪行不用貶詞，宣布如此令人憤慨的事件竟不見激昂。演說有分析、有判斷、有決定、有抨擊、有號召，但所有這些，都建立於陳述事實的基礎上。事實是最有說服力的。在這個演說發表的第二天，美國即向全世界宣布 —— 美國與日本處於戰爭狀態。

　　我們引用事實進行說理時，要注意事實與觀點的一致性，絕對不可讓事實與觀點相游離或相違背。卡內基指出，沒有比胡亂抽出一些個別事實和玩弄實例更站不住腳的。羅列一般例子是毫不費力的，但這是沒有任何意義的，因為在具體的情況下，一切事物都有它個別的情況。這就告訴我們，正面說理不但要引用事實，而且事實要典型，要具普遍意義。

有條有理，邏輯嚴密

　　《戰國策》中記載著這樣一個故事，姚賈面對韓非的誹謗，用有條有理、邏輯嚴密的言辭逐一辯白，維護了自己的

尊嚴。

　　燕、趙、吳、楚四國結成聯盟，準備攻打秦國。秦王召集了大臣和賓客們商討對策。秦王說：「目前四國已經結成聯盟，對秦不利，我國目前正處於財力衰竭的狀況，百姓聽到這個消息後都紛紛逃到其他國家去了，我們該怎麼辦呢？」大臣、賓客們都默不作聲。姚賈說：「我願意出使四國，破壞他們的陰謀，阻止戰爭爆發。」

　　於是，秦王為姚賈準備了百輛車和千兩黃金，並且，讓他穿著自己的衣服，佩帶自己的劍。於是，姚賈辭別秦王，拜訪四國。姚賈此次出行，不但阻止了戰事發生，還與四國建立了友好外交關係，秦王對此非常滿意，並封他為上卿。

　　韓非得知此事後，對秦王說：「姚賈用金銀珠寶等貴重的禮品，出使荊、吳、燕、代等地，長達三年之久，這些國家未必是真心與秦合作。姚賈是想用大王的錢財，私自結交諸侯、權貴，請大王明察。再說，姚賈身分低微，只不過是魏都大梁一個守門人的兒子，曾在魏國有過竊盜的行為，雖然在趙國當過官，但是後來因種種原因被驅逐出境了，這樣一個人，怎麼能讓他參與國家大事呢？」

　　秦王將姚賈叫來說：「我聽說你私下裡用秦國的財產，去結交各國諸侯、權貴，有這樣的事嗎？」

　　姚賈說：「有這樣的事。」

　　秦王一聽，頓時大怒：「那你還有什麼顏面來見我？」

　　姚賈說：「昔日曾參孝敬父母，任何人都希望有這樣的兒子；伍子胥盡忠報主，每位諸侯都希望得到這樣的臣子；貞

女擅長女工，每一位男子都希望娶這樣的女子為妻。我對大王忠心耿耿，可大王卻不知道，如果我不把珠寶送給那四個國家的諸侯，怎麼能讓他們歸順秦國呢？大王再想想，如果我對大王不忠，那四個國家的國君又怎麼能相信我呢？夏桀因聽信讒言，而殺害了忠臣良將關龍逢，紂王因聽信讒言，而殺了比干，結果國破身死。現在，大王又聽信讒言，以後還會有忠臣為您出力嗎？」

秦王說：「我聽說你是魏都大梁一個看門人的兒子，而且有過竊盜行為，雖在趙國做過官，但最後卻被趙國驅逐出來了。」

姚賈不卑不亢地說：「姜太公是一個被老婆驅趕出家門、連豬肉都賣不出去的齊人，在荊津時，即使做勞力都沒有人僱傭，可最終卻建立了豐功偉業。管仲只不過是齊國邊界的一個小商販，在南陽的時候非常貧窮，在魯國時曾經被囚禁，最後卻幫助齊桓公建立了霸業。百里奚只不過是虞國的一個乞丐，其身價只值五張羊皮，穆公任用他作為宰相，而使西戎各少數民族臣服。文公任用中山國的盜賊，而打了勝仗。這四位賢人，都沒有顯赫的身世背景，出身也並非高貴，甚至是曾被命運拋棄，可最終卻取得了出色的成績，主要原因是得到了明主的重用。倘若人人都像卞隨、務光、申屠狄那樣，誰還能心甘情願為國效命呢？因此，英明的君主是不會計較臣子以往的過失、不會聽信他人讒言的，他們只會考驗臣子們的能力，然後加以重用。舉凡能保住江山社稷的人，不會聽信謠言，不會封賞沒有功績的人。這樣，臣子們就不敢用虛名欺騙國君了。」

秦王說：「的確如此。」於是，保留了姚賈的職務。

綜觀姚賈的自我辯白，有條有理、邏輯嚴密。我們在說理時，也要做到一件一件來、一條一條說，絕不可東扯葫蘆西扯葉，讓人聽了雲裡霧裡。此外，不管引證了多少事實、典故，多少知識，都要納入邏輯的軌道，才能具有無可辯駁的說服力。離開了邏輯規則，再生動的事例，再迷人的故事，你的聽者都可能無動於衷。我們只有用邏輯的法則，把要表述的思想、事例、典故等材料有系統地結合起來，組成很有邏輯性的話，才能達到正面說理的目的。

但有一點需要注意，在運用邏輯方法進行說理的時候，不能夠講歪理，說反邏輯，也就是將非正確的說成是正確的。事實勝於雄辯，任何不正確的事情一旦放在光天化日之下，都會露出馬腳的。沒道理的話聽者不服，有道理沒有事實，道理無所依託，聽者口服而心並不一定服。所以說理時要以事實為基礎。大家都有這樣的體驗，向人講總結出來的一般原則，與介紹個性化的事例或實踐經驗相比，人們更容易接受後者。

數字具有超強的說服力

數字本身就是理性的，再無知的人、倔強的人、狡辯的人，在數字理性的光輝下也只能屈服。老婆說我這個月的錢花多了，怎麼三萬五千多元的薪水用半個月就沒有了，菜都沒讓你買過啊。是啊，三萬五千多元也不是一個小數目，怎麼半個月就沒了？的確很有說服力。但且慢，我也有數字，

買了一臺手機一萬兩千多元，週末全家出去玩花了四千多元，繳了一萬兩千多元的費用，丈母娘生日寄了四千多元，一共就三萬三千多元了，不到兩千塊花在上班的中餐以及其他雜項上，不多吧？老婆只能承認的確不多。

我們生活在一個數字的世界裡，每天所見、所聞、所思、所用的一切，幾乎沒有不涉及數字的。在這種情況下，人們對數字或多或少會產生麻木或厭煩的感覺。這種感覺客觀存在。所以，除非必要，我們不要老是背書似的說出數字。一長串冷冰冰的數字，讓別人聽了感覺缺少了人情味。

讓數字與你所面對的事物更加密切相連，也是讓數字「活」起來的一個方法。我們不妨舉個例子來說明。假如你在會議上提出一個優化方案，開場白之一是這樣的：「如果公司採納我的這項提議，則每個月可以為公司節省開支一百五十萬元。」開場白之二是這樣的：「如果公司採納我的這項提議，則每個月可以為公司節省開支一百五十萬元，這筆錢若用在改善福利上，即使是只用百分之五十，每月我們人均也可以增加三千五百元。」前後兩個對比，無疑後者更令人感到有吸引力，不枯燥。

事實勝於雄辯，而鐵的數字下面是鐵的事實。值得在此提醒讀者的是：數字的說服力建立在真實與準確上。虛構、編造的數位，或許也可以滿足你一時的說服，但信用一旦破產，恐怕以後說什麼也沒人相信了。而模糊的數字，什麼「大約是××」、「我估計達到××」之類的話，其說服力要弱得多。因此，平常你不妨留心一些可能會用得到的數字，或者在與人談論某件重要的事情前先蒐集一些相關數字作為

準備。這些數字來源愈權威愈好，最好你同時記住數字的來源，以便引用起來更有說服力。

理直氣和，得理讓人

道理操之在手，天下雖任你走，但你也不能橫著走。否則，有理也會變成無理。春風化雨的態度、諄諄誘導的言辭，比強硬的「講理」要令人容易接受得多。大部分的人一陷入是非的漩渦，便不由自主地焦躁起來，一旦自己得了「理」便不饒人，窮追不捨，非逼得對方鳴金收兵或舉白旗投降不可。然而，你施加的作用力太大，得到的反彈力也愈大。我們自己也一定有這樣的經歷：其實自己心裡也覺得別人說的對，但就是接受不了對方的態度，因此死撐著就是不改。結果溝通的目的沒有達到，反而引起了單純的口角之爭，甚至從「嘴力」進展到「武力」，釀成悲劇的事都時有發生。

在一家西餐廳，一位顧客大聲叫道：「小姐！妳過來！妳過來！」等服務生來到眼前，該顧客指著面前的杯子，怒氣衝衝地說，「看！妳們的牛奶變質結塊了，把我這杯紅茶也浪費了！」

「真對不起！」服務生賠不是地笑道，「我立刻換一杯給您。」新的紅茶很快就準備好了，碟邊放著新鮮的檸檬和牛奶。小姐輕輕放在顧客面前，又輕聲地說：「我建議您，如果放檸檬，就不要加牛奶，因為有時候檸檬酸會造成牛奶結塊。」

顧客聽了，若有所悟，有點尷尬地點了點頭，說：「謝謝，實在不好意思。」

等那顧客走了，有人笑問服務生：「明明是他的問題，妳為什麼不直說呢？他那麼粗魯地叫妳，妳為什麼不還以一點顏色？」

「正因為他粗魯，所以要用婉轉的方式對待；正因為道理一說就明白，所以用不著大聲。」

理不直的人，常用氣壯來壓人，理直的人要用氣和來交朋友。「即使是最深刻的言論，如果說的時候態度粗暴、傲慢或者吵吵嚷嚷，即便是在辯論上面獲得了勝利，在別人心目中也是難以留下好印象的。」著名的人際溝通專家卡內基這樣告誡那些「理直氣壯」的人。

除非是事關國計民生之類的大是大非，我們有必要理直氣壯外，生活中的事情大多屬於一般性的問題，沒必要那麼劍拔弩張。理直氣要和，得理需饒人。經常得理不饒人的人，被人們稱之為「刺頭」，說明這種人不受歡迎。他們習慣於斤斤計較，和他們打交道很困難，很少人願意跟他們交朋友，都對他們躲得遠遠地。他們感覺不到自己的問題，原因就在於認為自己有理，他們最喜歡講的一句話，就是按照規矩辦事。殊不知你有你的規矩，人有人的規矩。什麼是規矩並不那麼清楚。只有自己的規矩，經常看到的是別人的錯。他們的錯誤之所以難以改正，也正因為自己認為有理。理，本來是抒解矛盾的原則，可是到了得理不饒人那裡，反而成了矛盾難解的原因。天下本來就沒有什麼絕對的理，只強調

自己的理，反而使得矛盾難以解決。設身處地，尋求雙方都可以接受的方案，才可以減少糾紛，增加合作的機會。

《菜根譚》中說：「鋤奸杜倖，要放他一條生路。若使之一無所容，譬如塞鼠穴者，一切去路都塞盡，則一切好物俱咬破矣。」所謂「狗急跳牆」，將對方緊追不捨的結果，必然招致對方不顧一切的反擊，最終吃虧的還是自己。做事如此，說話亦然。

「理」這個東西，看不見摸不著，人人都難免有困惑的時候。這時候，就需要一個來「說理」的人，或用確鑿的事實、清晰的表達，來說明事理的必然，或用客觀的理論、嚴密的邏輯，來證明事理的正確。

第二章

動情，直接突破對方心理防線

以理服人，建立在人是一個理性動物的基礎之上。但同時人還是一個感性的動物，理性與感性交織在一起，組成了一個完整的人。

　　有一句話叫「問蒼天情為何物，直叫人生死相許」，這句話裡的「情」，很多人理解為愛情，其實是片面的。人類一切美好的情感，都具有無窮的力量。「男兒有淚不輕彈，只因未到傷心處」，說的就是情感的力量。再硬的男子漢，在真情面前也要被軟化。因此，在與人溝通中，除了要善於使用能闡明觀點的話語外，還要懂得以情動人，多使用具有情感交流作用的詞語來舒緩氣氛、溝通心靈、理順情緒。

　　其實，人與人之間在絕大多數時沒有什麼原則性的衝突，一味地拘泥於「擺事實，講道理」，難免小題大做，適得其反。有這樣一個蠻有哲理的小故事：有一個國家的皇帝，他手下的兩個軍官為了一個軍事行動發生了激烈的爭論，他們請求皇帝來裁決這件事究竟誰對誰錯。當第一個軍官表明他的觀點之後，皇帝對手下的其他人說：「我看這個人說得有道理。」接著輪到第二個軍官發言了，他以截然不同的方式闡述了自己的方案。聽完他的介紹，皇帝再次向其他人說：「這個人講得也有道理。」宰相實在忍不住了，恭敬地反駁道：「可是，陛下，他們不可能兩個人都有道理！」皇帝此時並沒有生氣，反而說道：「愛卿，你也講得一樣，也很有道理！」這個故事也許可以符合一句老話：「你說你公道，我說我公道；究竟誰公道，只有天知道。」所以，若是發生沒有什麼大不了的衝突時，不妨順著對方的意思避開鋒芒，用情感去征服人心。

　　這個世界最難征服的不是山峰是人心。如果你學會了用情感去征服人心，你的口才將更上臺階。

林肯動情的辯護詞

　　美國第十六任總統、〈解放黑奴宣言〉的頒布者 —— 亞伯拉罕·林肯（Abraham Lincoln）是美國歷史上唯一出生於貧民家庭的總統。他在當選總統之前，當過律師。他富有同情心，敢於主持正義，在律師界享有盛名。

　　有一次，林肯代理了一位老婦人的官司。老婦人是獨立戰爭時期一位烈士的遺孀，每個月靠領取撫恤金維持生活。一天，當她像往常一樣去領取每月的撫恤金時，出納竟要她交付一筆手續費才允許領錢。但是，這筆手續費並不只是撫恤金的一半。這種雁過拔毛的變相勒索讓老婦人無法忍受，便將出納告上了法院。

　　在法庭上，被告矢口否認。這個狡猾的出納是口頭上進行勒索，並沒有留下憑據。情況看起來對林肯這方很不利。

　　輪到林肯發言了。他並沒有一上場就義憤填膺地指責，而是用低緩深沉的聲音把聽眾引入到了美國獨立戰爭的回憶，述說愛國志士們是如何忍飢挨餓地在冰天雪地裡戰鬥，直到為自由而灑盡最後一滴血的。說到動情處，林肯眼裡飽含淚水。包括法官、陪審團在內的聽眾都沉浸在感動之中，這時林肯話鋒一轉 ——「如今，所有的事實都已成為故事。一七七六年的英雄，早已長眠於地下，可是他們那衰老而又可憐的遺孀，還生活在我們身邊，如今的一位受到了極不公

平的待遇，並站在了我們面前，要求我們代她申訴。這位
老太太從前也是一位美麗的少女，曾經有過幸福快樂的家庭
生活；然而，她已經犧牲了一切，變得貧窮和無依無靠，不
得不向享受著革命先烈們爭取來的自由的我們請求援助和保
護。試問，我們能視若無睹嗎？」

　　是啊，在林肯如此動情的演說下，誰能視若無睹呢？結
果是：法庭通過了保護烈士遺孀不受勒索的判決，確保了所
有烈士遺孀今後再也不會遇到類似的勒索。

用飽含深情的話打動人

　　道理說服的人，是在「道理」的制約中按照你的想法去
做。而被你的情感打動的人，是在「內心」的呼喊中按照你
的想法去做。前者是：我必須那樣去做，否則就是不講道理。
後者是：我必須那樣去做，否則就是沒有良心。兩者之間沒
有高下之分，只是技藝不同而已。有的人吃硬（理），有的人
吃軟（情）。如此而已。

　　法國企業家拉蒂艾專程來到印度首都新德里，打算找拉
爾將軍談一樁飛機銷售的大買賣。

　　拉蒂艾在新德里幾次約拉爾將軍洽談，都沒辦法如願。
最後總算逮到通話機會了，可拉蒂艾隻字不提飛機合約的
事，只是說：「我將到加爾各答去，這次只是專程到新德里以
私人名義來拜訪將軍閣下，只要十分鐘，我就滿足了。」拉
爾勉強地答應了。

　　祕書引導拉蒂艾走進將軍辦公室，板著臉囑咐說：「將軍

很忙！請勿多占時間！」拉蒂艾心想，太冷漠，看來生意十之八九要失敗了。

「您好！拉蒂艾先生！」將軍出於禮貌伸出了手，想三言兩語把客人打發走。

「將軍閣下！您好！」拉蒂艾真摯、坦率地說：「我衷心向您表示謝意……。」

將軍感到莫名其妙。

「因為您給了我一個十分幸運的機會，在我過生日的那一天，終於又回到了自己的出生地。」

「先生！您出生在印度嗎？」將軍微笑了。

「是的！」拉蒂艾打開了話匣子，「一九二九年三月四日，我出生在貴國名城加爾各答。當時，我的父親是法國歇爾公司駐印度代表。印度人是熱情好客的，我們全家的生活得到了印度人民很好的照顧……。」

拉蒂艾動情地談了他對童年生活的美好記憶：「在我過三歲生日的時候，鄰居的一位印度阿姨送我一件可愛的小玩具，我和印度的小朋友一起坐在大象背上，度過了我這一生中最為開心快樂的一天……。」

拉爾將軍被深深感動了，當下即刻發出邀請說：「您能來印度過生日真是太好了，今天我想請您共進午餐，以示對您生日的祝賀。」

汽車在開往餐廳的途中，拉蒂艾打開公事包 —— 不，不是飛機銷售的合約樣本，而是一張顏色已經泛黃的照片。拉蒂艾莊嚴肅穆地雙手捧著照片，恭恭敬敬地展示在將軍面前：

「將軍閣下，您看這個人是誰？」

「這不是聖雄甘地嗎？」

「是呀！ 您再瞧瞧左邊那個小孩，那就是我。四歲時，我和父母一起回國，在途中很幸運地和聖雄甘地同乘一艘輪船，這張合影照就是那次在船上拍的，我父親一直把它當這世上最珍貴的禮物珍藏著。這次，我要去拜謁聖雄甘地的陵墓……。」

「您對聖雄甘地和印度人民的友好感情，我深表感謝！」拉爾說。

當然，午餐的氣氛是極為融洽的。

當拉蒂艾告別將軍時，這宗大買賣已經成交了。

試想，如果拉蒂艾一見拉爾將軍，就大談飛機業務，縱使他將道理講得頭頭是道，大概也談不成這筆大買賣。

著名人際溝通專家卡內基，在他的著作《怎樣使你的談吐更動人》中說：「言傳心聲，動之以情，是任何消極對立的觀點都難以招架的。」為了進一步說明，卡內基談到了自己的一次親身經歷。他曾經應邀為一所大學演講大賽的評審。參加最後冠軍角逐的是六個大學生。其中有五個大學生有過專業系統的演講訓練，但最後冠軍被那位從來就沒有接觸過演講的學生獲得。那個獲獎者是來自非洲的祖魯人，其演講題目為〈非洲對現代文明的貢獻〉。卡內基評價這個來自非洲的學生說：他在自己的每一句話裡都傾注了深厚的感情。卡內基領悟到：理性的光輝有時會令人站在遠處難以靠近，感性的語言卻可以拉近人心引起共鳴。

　　美國「二戰」英雄麥克阿瑟將軍（Douglas MacArthur），歷來有「剛烈將軍」之名號。身為將一生獻給軍營的職業軍人，他的身上更多的是鐵的規矩與血的躁動。但「剛烈將軍」也有柔情，在他告別國會大廈的演講中，他用飽含情感的語言，打動了所有的聽眾，以及幾十年來閱讀到該演講的人。這篇演講叫〈老兵不死，他們只是慢慢凋零〉。限於篇幅，我們摘錄其中兩段如下，讓讀者自己體會體會「動情」的力量──

　　「當我聽到合唱團唱的這些歌曲，我記憶的目光看到第一次世界大戰中步履蹣跚的小分隊，從溼淋淋的黃昏到細雨濛濛的黎明，在溼透背包的重負下疲憊不堪地行軍，沉重的腳踝深深地踏在炮彈轟震過的泥濘路上，與敵人進行你死我活的戰鬥。他們嘴脣發青，渾身汗泥，在風雨中顫抖著，從家裡被趕到敵人面前，許多人還被趕到上帝的審判席上。我不了解他們生得高貴，可我知道他們死得光榮。他們從不猶豫，毫無怨恨，滿懷信心，嘴邊叨唸著繼續戰鬥，直到看到勝利的希望才闔上雙眼。這一切都是為了它們──責任、榮譽、國家。當我們蹣跚在尋找光明與真理的道路上時，他們一直在流血、揮汗、灑淚。

　　「二十年以後，在世界的另一邊，他們又面對著黑黝黝骯髒的散兵坑、陰森森惡臭的戰壕、溼淋淋汙濁的坑道，還有那酷熱的火辣辣的陽光、疾風狂暴的傾盆大雨、荒無人煙的叢林小道。他們忍受著與親人長期分離的痛苦煎熬，熱帶疾病的猖獗蔓延兵燹地區的恐怖情景。他們堅定果敢的防禦、他們迅速準確的攻擊、他們不屈不撓的目的、他們全面徹底

的勝利——永恆的勝利——永遠伴隨著他們最後在血泊中的戰鬥。在戰鬥中，那些蒼白憔悴的人們的目光始終莊嚴地跟隨著責任、榮譽、國家的口號。」

值得注意的是，在說話或演講中，煽情時要控制住自己情感的狀態，不能一味氾濫。畢竟我們不是為煽情而煽情，要知道收和放。煽別人的情，說自己的理。有些人講到傷心處泣不成聲，憤慨時詞不成句，高興時手舞足蹈，結果別人根本就聽不清你說的是什麼，無法和你產生共鳴。

讓人情味直抵對方心房

人情味是什麼？要準確地定義還真不是一件容易的事情。抽象地說：人情味是人類情感互動的一種表現，引起他人情感上的共鳴，或使他人感到溫暖。人情味有一種說不出的滋味，是一種意味深長、耐人尋味的情感。

俗話說：「人非草木，焉能無情？」人情味是以真誠為基礎的，不是博愛而是關懷，不是表面的禮貌而是內心的尊重。人情味是一種克己諒人，是一種淡淡的味道，聞了沁人心脾。一個沒有人情味的人，如同草木般獨自枯榮一世。

美國前總統老布希（George Herbert Walker Bush）在一九八八年與對手杜卡基斯（Michael Stanley Dukakis）對壘競選總統時，之所以能戰勝強敵，很大程度上是因為他在電視辯論中的講話比他的對手更富有人情味。一九八八年十月二十四日在電視上，他們兩人進行了最後的公開辯論。在這難解難分的最後時刻，在公眾面前誰的形象塑造得好，誰就

能贏得更多選票。所以布希和杜卡基斯都對這次公開辯論異常重視，不敢掉以輕心。

當記者問「你是如何對付曾經刻骨銘心的困難」時，杜卡基斯這樣回答：「一九七八年，我在競選麻省民主黨州長候選人時落選，我感到十分痛苦。我知道，是我自己造成這次選舉的失敗。我沒有去責備別人。然而，沒有痛苦就沒有前途，我從中悟出了不少道理——雖然失敗了，但失敗卻豐富了我的人生。有幸的是我有一個非常幸福的家庭，我想假如你也有同樣痛苦的時刻，那麼你的家庭將會給你最強而有力的全力支持。」

對同一個問題，老布希是這樣回答的：「我的孩子的死是我迄今生活中最痛苦的時刻。有一天，醫生對我們說：『你們的孩子得了白血病。』我問他，這是什麼意思？醫生告訴我們：『這意味著她就要死了。你們必須決定，如何對她進行治療。或者讓她聽憑自然走完這個過程——這樣的話，她大約能活三個星期。』假如我們決定，不給她任何醫治聽憑其死去，那麼我們會感到極大的痛苦。然而醫治她，卻要使這個幼小的孩子承受各種痛苦，我們實在於心不忍。但是，在我那堅強的妻子的幫助下，在溫暖和諧的家庭支持下，我增強了信念，很好地處理了這件事。我的女兒又活了六個月。當然，要是在今天，她可能多活好幾年。」

兩相比較，杜卡基斯的話顯然令人乏味，而布希則在政治辯論中跳出來大談生活，極富人情味。布希雖然說的是一件傷心的事，但由於話語中含有人人——廣泛處於社會各個階層各個角落的父母子女都能體會到的濃烈的親情，就像加

過糖的咖啡一樣，儘管底味有點苦，卻恰到好處地襯托出了糖味的甘甜。布希的話成功地讓選民覺得他是個可敬可親的富有人情味的人，與杜卡基斯相比，他是總統更為合適的人選。正由於布希這段極富人情味的話贏得了不少善良選民的心，使本來與布希不相上下的杜卡基斯的形象在選民中急轉直下，最後滿懷遺憾地落選。由此可見，人情味在社會語言中很重要。人的感情總是可以相通的，只要不是故作多情，無病呻吟，在社交場合與人交談時，我們就要恰如其分地使自己的話帶有人情味，讓人覺得你的話像加過糖似的，親切、甜美而又切實可信。

我們在一開始進入社交場合，就得不斷地提醒自己：在整個交談的過程中，都應帶有濃濃的人情味。有句俗話叫「良言一句三冬暖」。古代大思想家荀子也說過「與人善言」，正是我們提倡的話語中所要講求的人情味的真諦。

在擁擠的火車上，一位疲憊不堪的婦女，帶著一個四五歲的孩子站了很久，也沒有人讓座。孩子指著坐在旁邊的一個年輕人對媽媽說：「媽媽，我累了，你跟這位叔叔說，讓我坐一會兒吧。」媽媽輕聲地對孩子說：「媽媽知道你是一個非常懂事的好孩子，叔叔也很辛苦，也很累，再堅持一會兒吧。」一番話說得年輕人再也坐不住了，站起來說：「小朋友，你來坐吧，叔叔不累。」這樣，年輕人主動讓了座。

媽媽的話為什麼有如此巨大的感染力？原因就在於她的話語能夠克己諒人，充滿了對別人旅途艱辛苦累的深深理解，有一種濃厚的人情味。話不多，情卻濃。其所取得的實際效果是很明顯的。

在人際交往中，人情味常以其產生的巨大征服力和凝聚力而備受青睞，給咖啡加點糖，給我們的談話加點人情味，這樣的語言將深得人心，何樂而不為呢！

一唱三詠，欲罷不能

在文學藝術的殿堂中，很多優秀的抒情作品都喜歡用「一唱三詠」的煽情方式，讓人讀之欲罷不能。如從戴望舒對〈雨巷〉中的丁香姑娘柔弱之處的描述，我們便可強烈地感受到一詠三嘆的藝術效果。

不只在文學作品中，在我們日常的演講溝通中，也能運用這種「一詠三嘆」的技巧，來達到傳遞思想觀點的目的。在演講中運用排比句式，可以加強語勢、增強語言的節奏和韻律。用它來說理，可以使論述細密嚴謹；用它來敘事，可以使事物集中完美地表現；用它來抒情，可使感情激昂奔放。

羅斯福著名的演講〈一九四一年十二月七日 —— 一個遺臭萬年的日子〉中，曾有這樣一段話：

「昨天，日本政府已發動了對馬來西亞的進攻。
昨夜，日本軍隊進攻了香港。
昨夜，日本軍隊進攻了關島。
昨夜，日本軍隊進攻了菲律賓群島。
昨夜，日本人進攻了威克島。
今晨，日本人進攻了中途島。」

這段話簡潔有力，擲地有聲，充分說明了日本軍國主義侵略成性和企圖稱霸世界的野心。話雖不多卻句句切中要

害，激起聽眾對日本法西斯無比的憤恨。

　　美國著名的黑人解放運動領袖馬丁·路德·金恩（Martin Luther King），不僅是個卓越的政治家、革命家，還是一位雄辯家。他的演講有如春風化雨，使美國黑人內心無比的激情在瞬間就能被激發。

　　一九六三年八月二十八日，在美國首都華盛頓舉行的「自由進軍」的集會上，馬丁·路德·金恩再一次為千百萬有色人做了演講，其中有幾段話極為精彩：

> 一百多年前，一位美國偉人簽署了〈解放宣言〉。現在，我們懷著無比敬仰的心情站在他紀念像投下的影子裡。
>
> 這份重要的文獻，為千千萬萬正在非正義烈焰中煎熬的黑奴點起了一座偉大的希望燈塔。這文獻，有如結束囚室中漫漫長夜的一束歡樂的曙光。
>
> 然而，一百年後的今天，我們都不得不面對黑人依然沒有自由這一可悲的事實；一百年後的今天，黑人的生活依然悲慘地套著種族隔離和歧視的枷鎖；一百年後的今天，在物質富裕的汪洋大海之中，黑人依然生活在貧乏的孤島之上；一百年後的今天，黑人依然在美國社會的陰暗角落裡艱難掙扎，在自己的國土上受到放逐。
>
> 所以，我們今天來到這裡，揭露這駭人聽聞的事實。
>
> 這就是我們的希望。
>
> 這就是我帶回南方的希望。
>
> 懷著這個信念，我們能夠把絕望的大山鑿成希望的磐石；懷著這個信念，我們能夠將我國種族不和的喧囂，變為一曲友愛的樂章；懷著這個信念，我們能夠一起工作、一起祈禱、一起奮鬥、一起入獄、一起為爭取自由而鬥爭。因為我們明白，我們終將得到自由，我們終將得到原來屬於我們的幸福！

馬丁·路德·金恩的這番話，感動了在場的所有人。黑人們流下了眼淚，白人們也流下了眼淚。黑人們為他們所遭受的不公平的待遇而傷心、難過；白人們也許是對這一切自己無能為力而深感不安。

馬丁·路德·金恩使用的一段段的排比，言辭懇切，情深意長。既是對黑人遭遇不平的聲討，又是戰鬥的號角，將自己的感情表達得淋漓盡致，極富感染性和鼓動性。

在生活中，我們也可以運用這種說話的技巧。例如一個讀國中的孩子，在媽媽要他幫忙做些力所能及的家事時，孩子一定要媽媽支付工錢才做。爸爸聽了，把孩子叫到書房，輕聲地問他：「你媽媽懷胎十月，你要不要付她工錢？她在你小時候為你換洗尿布，你要不要付工錢？你生病了她半夜帶你看醫生，你要不要付工錢？……」話還沒有說完，孩子就低下了頭，承認自己錯了。

說「我們」的妙處

作者曾經在一家公司當過人事主管，負責過幾次招聘。記得在接待應徵者時，一些喜歡用「我們」的應徵者，讓人聽起來十分舒服。比如，有應徵者問：「我們公司現在是以哪些業務為主呀？」聽起來比「貴公司」或「你們公司」要親切得多。用「我們」的應徵者，相對來說，我們的距離會無形之間縮短。而用「貴公司」或「你們公司」的應徵者，始終會有一種若即若離的感覺存在。對於這個有趣的現象，作者在其他同行那裡也得到了印證。

與人交談時，把「你」、「我」變成「我們」有意想不到的好處。表明了「我」和「你」身上有一個叫「我們」的戰壕，是同甘共苦的「兄弟」。經常把「我」字擺在前面，會給人留下獨斷專行、自高自大的印象，對與人交往有百害而無一利。如果能把「我」字變成「我們」，則顯得非常謙虛，說出來的話別人也更願意聽。

　　一位先生對太太用錢浪費很不滿，經常勸太太說：「您就不會省一點，我現在賺錢很困難，物價還漲得那麼快，別的不說，總要為孩子的將來多準備一點教育儲備金吧。」太太每次聽了都沒效果，有時還會引起爭吵。苦惱的先生找到人際溝通專家諮詢溝通方法。回家後，先調整了說話的方式，多說「我們」，少說「你」和「我」，結果效果非常理想。例如他在勸太太時，會說：「我們最近花錢多了點……。」甚至，他的建議「我們應該制訂一個消費預算」還獲得太太的認可並正式執行。前後的區別，就是「我」、「你」與「我們」的區別，前者有自私的指責味道，後者有共同承擔的意思。

　　當然，「我們」也不能濫用。「我們的公司」可以說，「我們的妻子」可不能亂講，亂講說不定會挨打。此外，還要注意「我們」要用得順暢，不要生硬，這樣不但達不到目的，還會給人造成反感。

　　「我們」這個詞，用得好具有神奇的魅力，它不但能給聽話者帶來親切的感覺，還可以展現出講話者的深明大義與寬廣的胸襟。使聽話者備感尊重，而說話者也會有所收穫。用這種雙方受益的說話方式與人交談，又何樂而不為呢？

　　小孩通常喜歡說「這是我的」、「我要……」、「你不許動我的東西」等，對於小孩子說出這樣的話，人們可能不會在意，但如果這些話出自一個大人之口，就令人很難接受了。人們會將這類人歸結在自私自利、以我為中心的行列當中，這就相當危險了。究其原因是「我」字惹的禍。

　　順便提及的是，很多時候，用「我」來代替「你」的表述也有很好的效果。具體舉例說明。對方做錯了事，說「你怎麼會犯這樣的錯呢」，不如說「我感到很遺憾」或「我感到很傷心」。兩者視錯誤的程度而定。如果有人沒有遵守承諾，聰明的人從不指責他：「你怎麼不講信用！」只會說：「我很失望！」描述自己的心理，比指責對方的行為更有效。

　　人類一切美好的情感，都具有無窮的力量。在與人溝通中，除了要善於使用能闡明觀點的話語外，還要懂得以情動人，多使用具有情感交流作用的詞語來舒緩氣氛、溝通心靈、理順情緒。

第三章

類比，歷代高手的傳世絕學

在一家餐廳的包廂裡，一群人正在圍桌吃飯。其中，一個文學青年喋喋不休地談起了最近爆紅的一部小說。商人說：「那部小說不怎麼樣。」

文學青年說：「你沒有從事過文學理論學習與創作實踐，是不懂得鑑賞文學作品的。」

「豈有此理，」商人指著眼前的一盤炒蛋，反駁道，「我這一輩子也沒有學習過下蛋理論，也沒有進行過下蛋實踐，可這並不妨礙我對這盤炒蛋的口味作出評判。」

文學青年頓時熄火。

類比的說明手法，歷來都受到口才大師們的廣泛運用。翻開老莊的言論，閱讀《戰國策》中那些縱橫家的高論，類比的運用隨處可見。類比能夠化繁為簡，透過對方所熟悉的事物來說明對方所不熟悉的事物，或透過簡單的道理來說明複雜的事物。用類比來說明問題非常形象，深受大家接受與歡迎。

簡雍抓犯人

三國時，在劉備統治蜀漢期間，把酒列為官府專賣，不准民間私釀。有一天，劉備出來巡視，發現有戶人家裡有釀酒的器具，便下令把那家人抓起來。在旁跟隨的簡雍便問劉備為何抓人？劉備說：「他們有酒具，必有私釀，當然該抓。」簡雍也不多說，只是叫士兵把路邊一個人抓過來，說這人有罪。

劉備驚問：「他有何罪？」

　　簡雍回答：「他犯有淫罪。」

　　劉備追問：「怎麼說他犯淫罪，可有證據？」

　　「有，他有淫具，必有淫罪，自然該抓。」

　　劉備聽了，哈哈一笑，當即把家有酒具的人全放了。

　　簡雍根本就沒有談酒具與私釀之間的區別，這個問題若談論起來，一時還真難說清。他只順勢來了一個類比，就將道理說得清清楚楚。

從身邊的事物著手

　　用類比來說明事理，或說服他人，適合從彼此身邊的事物著手。這樣，人題順暢，不突兀，彼此的交流也沒有認知上的障礙，能更加清晰準確地將所要表達的意思傳遞給對方，從而取得對方的理解、認同與支持。

案例回顧

　　伽利略年輕時就立下雄心壯志，要在科學研究方面有所成就。但他的父親更希望他去研修神學，因為那個時代學習神學有一個更穩定與體面的未來。伽利略想說服父親支持自己，但幾次努力都沒有成功。後來，伽利略用了一點小小的計謀，終於說服改變了他父親的立場。

　　伽利略沒有一開始就談正題，而是先從身邊的事情開始：「爸爸，我想問您一件事，是什麼促成了您與母親的婚事？」

　　父親回答：「我愛上她了。」

伽利略又問：「那您有沒有打算娶別的女人過？」

「沒有，孩子。家裡的人要我娶一位富有的女士，可我只鍾情你的母親，她以前可是一位丰姿綽約的女孩。」

十八歲的伽利略得到了他所想要的回答後，便切入正題：「您說得一點也沒錯，她現在依然風韻猶存，您不曾娶過別的女人，因為您愛的是她。您知道，我現在也面臨著同樣的處境。除了科學以外，我不可能選擇別的職業，因為我喜愛的就是科學。別的對我而言毫無用途也毫無吸引力！難道要我去追求財富、追求榮譽？科學是我唯一的愛，我對它的愛有如對一位美貌女子的傾慕。」

用父親對母親的深愛，來類比自己對科學的深愛；用父親對母親的忠貞不渝，來類比自己對科學的忠貞不渝。伽利略的這種類比的說明方法，無疑比那些「我很愛科學」、「我一定要學習科學」之類的話更能讓父親明白他內心的迫切。父親一旦明白了伽利略對科學的身心迷醉，就容易理解與支持伽利略了。於是，他們的話題開始朝著如何去學習科學的方向走，而不再是巍然在該不該學習科學這個問題。

用類比來說事明理，既是一種技巧與方法，更是一種智慧，常常能收到意想不到的效果。

諸葛恪是諸葛亮的侄子，其聰明機智頗有諸葛世家的風範。有一次，諸葛恪獻了一匹良馬給孫權，先把馬的耳朵穿了洞。范慎見了，嘲弄諸葛恪道：「馬雖然是一個牲畜，但也稟氣於天，現在你把牠的耳朵弄了一個洞使牠殘缺，真是太不仁慈了！」

諸葛恪回答：「做母親的對於自己的女兒，真是恩愛至深的，她不僅穿了女兒的耳朵，還幫她掛上珠鏈，難道就不仁慈了？」

諸葛恪把自己在馬耳上穿孔和母親幫女兒戴耳環耳墜類

比，從母親的舉動沒有傷害仁慈，來說明自己在馬耳上穿洞也沒有傷害仁慈。

人和馬本來就不是同類。母親幫女兒穿耳帶環，和人在馬耳上打洞也相去甚遠。但都是在耳朵上打洞，這一點是一樣的。這樣，類比反駁的本象與類象之間就有了相通。難怪範慎當時聽了之後，一句話也說不出來。

類比一定要用大家都熟悉的事物，這樣才能達到便於理解的目的。否則，愈比愈晦澀、愈難懂，還不如不比。而身邊的事物，則是大家都熟悉的。例如一個學建築的文學青年向一位作家討教，作家看了青年的作品後，這樣說：「寫文章其實和建房子差不多，建房子首先要圖紙，寫文章首先也要有構思；房子的設計如果和大家建的差不多，就沒有任何看頭，寫文章也是如此，要有新意；房子設計得有新意，但看上去要讓人覺得比例協調，不能一味求新而不顧視覺美學，寫文章也是如此……」。作家對青年說了這樣一番話後，再具體針對青年的作品提出了自己的看法與意見，讓青年不禁有茅塞頓開、豁然開朗的感覺。

從對方鍾愛的事物入手

有人喜歡釣魚，那麼你和他談論釣魚一定是他所喜歡的。談論別人喜歡、鍾愛、擅長的事物，讓對方眉飛色舞，這是與人開心閒聊的一個小技巧。口才高手們不光在閒聊中善於運用這一戰術，在說服、規勸中，也善於運用這一戰術，並能透過這一戰術，用類比的橋梁，把自己真正想要傳遞的思想傳送到對方心裡。

　　戰國時期有一位叫鄒忌的縱橫家，想規勸沉湎聲色、荒蕪朝政的齊威王，順便在他那裡謀個大好前程。他將運用何種方式去說服這個大王呢？

　　鄒忌走進內宮聆聽鍾愛音樂的齊威王彈琴。聽完後，他連聲稱讚道：「好琴藝呀！好琴藝……。」齊威王不等鄒忌稱讚聲落音，連忙問道：「我的琴藝好在哪裡？」鄒忌躬身一拜道：「我聽大王那大弦彈出來的聲音十分莊重，就像一位明君的形象；我聽大王從那小弦彈出來的聲音是那麼清晰明朗，就像一位賢相的形象；大王運用的指法十分精湛純熟，彈出來的各個音符都十分和諧動聽，該深沉的深沉、該舒展的舒展，既靈活多變，又相互協調，就像一個國家明智的政令一樣。聽到這悅耳的琴聲，怎麼不令我叫好呢！」

　　知音啊，鍾子期在鑑賞伯牙的琴聲時，也不過如此吧。齊威王聽了這個話，心裡簡直就像喝了蜜一樣的甜，心裡一下子就將鄒忌視為知音。

　　鄒忌接著說道：「彈琴和治理國家一樣，必須專心致志。七根琴弦，好似君臣之道，大弦音似春風浩蕩，猶如君也；小弦音如山澗溪水，像似臣也；應彈哪根弦就認真地去彈，不應該彈的弦就不要彈，這如同國家政令一樣，七弦配合協調，才能彈奏出美妙的樂曲，這正如君臣各盡其責，才能國富民強、政通人和。彈琴和治國的道理一樣呀！」

　　齊威王說：「先生，你的樂理是說到我的心坎裡，但是光知道彈琴的道理還不夠，必須審知琴音才行，請先生試彈一曲吧。」鄒忌於是離開琴位，兩手輕輕舞動，只擺出彈琴

的架勢，卻並沒真的去彈。齊威王見鄒忌如此這般，惱怒地指責道：「你為何只擺空架子不去真彈琴呢？難道你欺君不成？」

鄒忌答道：「臣以彈琴為職業，當然要悉心研究彈琴的技法。大王以治理國家為要務，怎麼可以不好好研究治國的大計呢？這就和我撫琴不彈，擺空架子一樣。撫琴不彈，就沒有辦法使您心情舒暢；您有國家不治理，也就沒有辦法使百姓心滿意足。這個道理大王要三思。」

齊威王這個人其實並不昏庸愚鈍，只是過於貪玩而已。聽了鄒忌的話，他幡然醒悟，當下即刻封鄒忌為相國，和鄒忌大談治國定霸大業，並封賞下邳（今江蘇邳縣西南部）給鄒忌，稱成侯。

鄒忌的這次「推銷」（既推銷自己又推銷自己的理念），完全是口才界的巔峰之作。他先用有理有據、字字珠璣的語言，讚美了齊威王最引以為豪的琴藝，在這位君王最鍾情的音樂領域說得頭頭是道。這個前奏，消除了威王與自己初次見面的警惕，以及兩人間尊卑懸殊的隔膜。總之，將不利溝通的障礙一舉剷除。這屬於讚美範疇，關於讚美，我們在後面將有專門的文字詳細講解，因此在此不作深入探討。

在取得齊威王好感後，鄒忌就使出了「類比」的絕學。把彈琴和治理國家作了天衣無縫的類比，齊威王聽了不得不說：「你的樂理是說到我的心坎裡。」但齊威王似乎不怎麼想和鄒忌談論國事，他那時更鍾情於琴藝。他想考考這個將樂理講得天花亂墜的傢伙，看看他是否只是知道「談琴」而不

會「彈琴」。於是齊威王將鄒忌請到琴位，要他試彈一曲。

鄒忌哪會上當？先不說他的琴藝是否真的高超到能受到專家級的齊威王的賞識，即便能受到賞識也無非是賞賜一個宮廷樂師之類的職位，這完全背離了與齊威王「談琴」的初衷。所以，他是絕對不願意去「亂彈琴」的。於是，只見鄒忌兩手輕輕舞動，只擺出彈琴的架勢，卻沒有真的去彈。齊威王不高興了，一頂「欺君」的大帽子轟然而至，這可是死罪！

鄒忌的應對措施，是繼續「類比」。這次的類比，他的道理更加深入了。說我撫琴不彈是擺空架子，可您抱著國家的「琴」也沒有什麼動作。又說我撫琴不彈不能讓您心情舒暢，您不治理國家也不能使百姓心滿意足。

至此，鄒忌再次將話題回歸到國事之上，什麼「欺君」的帽子連摘都不用摘就化為無形。響鼓不用重錘，鄒忌的錘已經夠重了。齊威王這面響鼓，終於發出了「咚咚咚」激昂的聲響。

綜觀鄒忌的這次上諫之語，主次分明條理清晰，起承轉合順暢圓潤，類比說明嚴絲合縫，輕重緩急拿捏到位，值得我們學習的點非常之多。

具體到類比在口才中的運用問題，從對方鍾情、擅長的事物入手，其好處有二：首先，對方有興趣聽，聽得專心與用心；其次，省得講大篇的道理，因為道理他本來就明白，或一說就明白，你只需要點出來再移植到所要類比的事物上就行了。多年前，我要離開老家闖蕩，父親是最大的反對

者。為了說服他，我從他最喜歡擺弄的室內盆栽說起，談到家裡的盆栽為什麼長不高大，是因為沒有足夠大的土壤。還談到家裡的盆栽為什麼容易生病死亡，是因為沒有經歷外面風雨的洗禮……這個話題父親很願意跟我談，這個道理他也懂得很透澈。然後，我把自己在家鄉的小地方、在父母羽翼下的生活和盆栽作了類比，告訴父親：想要我成材，要趁我還年輕，還沒有完全長成柔弱的盆栽之前，趕快出去找一塊更寬廣的土壤，去經歷一些風雨。父親沉默了一陣子，之後再也沒有反對我外出求發展過。

做個講故事的高手

很多時候，講道理不如講故事更讓人明白與接受道理。在家庭裡對孩子的教育尤其如此。近年，甚至職場也流行管理者用講故事的方式來教育、指點下屬的風氣。這說明用講故事這種潛移默化的方式來溝通，有很好的效果。

單純的講故事，可能與類比無關，無非是增加談話的趣味性，或者增強知識性。但如果用對症下藥式的故事去說明一個道理，去指點對方，則屬於一種高超的類比口才了。如果我們再對歷代能言善辯的人稍微留心，就會發現他們各個都是講故事的高手，他們透過一個又一個有趣的故事，來把自己的思想有效地傳遞給對方。

我們還是以鄒忌這個口才高手的故事為例。鄒忌靠「談琴」上位之後，齊威王雖然幡然醒悟，但國內混亂的場面還是得靠一步一步規範。各項規章制度，也得一個一個地實施。

　　鄒忌想要齊威王透過廣納群言來興利除弊，於是他找到齊威王。但鄒忌並不直接談正題，他先說了一個發生在自己身上的故事。

　　鄒忌在早晨穿戴好衣帽，端詳著鏡子裡自己的形象時，對妻子說：「我與城北徐公相比，誰更美？」他妻子說：「您美極了，徐公哪能比得上您呢？」城北的徐公是齊國的美男子。鄒忌不相信自己比徐公美，又問他的妾說：「我與徐公相比，誰更美？」妾說：「徐公哪能比得上您呀！」第二天，有客人從外面來拜訪，鄒忌與他相坐而談，問他：「我與徐公相比，誰更美？」客人說：「徐公比不上您美。」第三天，徐公來了，鄒忌仔細地看他，自認為不如徐公美；又對著鏡子審視自己的形象，更感覺遠不如徐公美。晚上睡覺時思考這件事，說：「我妻子說我美，是因為偏愛我；妾說我美，是因為怕我；客人說我美，是因為想要有求於我。」

　　鄒忌把上面這個故事說給齊威王聽，並又開始施展他精通的類比戰術：「我的確知道自己不如徐公美。可是我的妻子偏愛我，我的妾怕我，我的客人想要有求於我，都認為我比徐公美。現在齊國的土地方圓千里，有一百二十座城池，宮裡的王后嬪妃和親信侍從，沒有誰不偏愛大王；滿朝的大臣，沒有誰不害怕大王；全國範圍內的人，沒有誰不有求於大王。由此看來，大王所受的蒙蔽太嚴重了。所以，大王您應該貼出告示，招引天下賢才，廣納群言方不至於偏聽偏信。」

　　結果，鄒忌這次又成功了。鄒忌以家事類比國事，沒有半點大道理，深入淺出，通俗易懂。

其實，我們也經常聽別人講故事或自己講故事給別人聽，但更多的時候是用在閒聊上。如果能將思路打開些，採用一些故事類比，以支持自己的建議或論據，是一個很有效的方法。

延伸閱讀

　　戰國時期，齊國的公子孟嘗君應邀去秦國。因為當時秦國和齊國關係並不怎麼好，孟嘗君去了可能會有危險，所以勸他別去的人非常多，可孟嘗君認為自己若不去的話就失去信用，堅持要去。

　　丞相蘇秦上門想規勸，可是孟嘗君卻說：「人間的事，我全都知道啦；沒聽過的，只有鬼怪的事了。」擺明是不想聽蘇秦的話嘛。蘇秦就說：「臣這次來，本來就不敢跟您談什麼人間的事，本來就是為了鬼怪的事來見您的呀。」孟嘗君一聽，沒辦法了，就接待了他。

　　蘇秦逮住機會就說開了：「臣這次來的時候，路過淄水，聽見一個泥人跟一個桃木偶在說話。桃木偶對泥人說：『你原是西岸的泥土，有人把你捏成了人形，可等到八月，天下大雨，淄水漲上來，你就會被沖得不成模樣。』泥人說：『你說得對！可我本來就是西岸的泥土，被水沖壞不過是回到西岸而已；你就不同囉，你是用東方的桃木刻成的人形，雨後水漲，就會把你沖走。你只能隨著水漂啊漂，還不知道你最終會漂到哪裡呢？』木偶聽了啞口無言。」

　　看孟嘗君似乎若有所思，蘇秦連忙運用類比大法：「您這次去秦國，就像東岸的木偶離開了原來的地方，很快就被沖得無影無蹤！」

　　孟嘗君聽了之後，最後決定還是不去了。

蒐集些有意義的小故事

我們在上一節談了用講故事的方式，可以提高自己口才、增強說明與說服的力度。對於那些縱橫捭闔的口才大師來說，他們可以隨時隨地根據實際需要編出符合邏輯的故事為我所用。但對於一般人來說，編故事恐怕沒那麼容易，如果故事編得不倫不類，反而會起副作用。因此，留心各種有一定意義的故事，記下來，不失為一個提高口才的好方法。

由於教育自家孩子的關係，筆者蒐集了不少適合用來類比說明事理的小故事。在這裡限於篇幅，略舉幾個並稍作分析，希望能起到拋磚引玉之效。

其一

有時，我們身邊會有這樣的人，不管什麼事，不分青紅皂白，對別人所做的事總是一概反對。對於這些為反對而反對的人，我們可以選擇據理力爭。但這太耗費精力，有時也容易中別人的圈套而陷入一場無止盡的辯論中，說不定別人正是想用這種方法來「消遣」你。

怎麼辦？

不要與其正面爭執或衝突，在他無理取鬧地反對時，對著他笑一笑，告訴他：

「我不久前在書上看到一則有趣的幽默，說的是在科學家富爾頓第一次公開展示他發明的蒸汽船時，沒有人相信這東西動得起來。有些觀看的人不斷鼓噪說：『動不了，動不了，絕對動不了！』沒想到船竟然一下子發動了，拖著美麗的蒸

汽尾巴一路向前駛去。那些原先斷定『絕對動不了』的人見狀，馬上改口說：『停不了，停不了，絕對停不了！』」

講完這個幽默，你可以停頓片刻，如果對方若有所悟，則就此休戰。如果對方還不明白，你可以接著說一句：「對於那些喜歡反對的人來說，從來就不需要什麼理由，因為反對已經成了他們的習慣。」相信這記漂亮的勾拳，既不會傷及彼此的面子，又會讓對方有所檢討與收斂，同時也顯示出了你個人的能力、魅力與毅力 —— 因為他的反對沒有用。

其二

曾國藩是中國近代史上最有影響力的人物之一，然而他小時候的天賦並不高。有一天在家讀書，一篇文章重複了不知道多少遍還在朗讀，因為他還沒有背下來。這時候他家來了一個小偷，潛伏在他家的屋簷下，希望等讀書人睡覺之後撈點好處。可是等啊等，就是不見睡覺，還是翻來覆去地朗讀那篇文章。

小偷大怒，跳出來訓斥說：「你這麼笨，還讀什麼書？」

然後小偷就將那文章背誦一遍，揚長而去！

小偷的確是很聰明，至少比曾國藩聰明，但是他只能成為小偷，而曾國藩卻成為中國近代史上非常卓越的人物。他做人、做官、做學問都很成功，成為很多有志者學習的楷模。

「勤能補拙是良訓，一分辛苦一分才。」任何一件事情，只要勤力做到極致，自然就會有所得 —— 所謂「天道酬勤」，就是這個道理吧。沒有人能只依靠天分就取得成功，勤奮才

是最重要的。小偷再聰明,但他不勤奮,所以只能過著竊盜生活,最後不知所終。

如果你所面對的是一個懶惰的人,用這則故事來類比說明,真是再貼切不過了。

其三

有些人似乎閒不住,整天不是撥弄這個就是折騰那個。你如果問他:最近閒嗎?他一定會丟下一個字:忙!而當你追問他為什麼在忙時,他已經走出五步之外了,只是匆匆地再丟給你兩個字:瞎忙!

當然,很多時候所謂的「瞎忙」其實是一種謙虛。但真喜歡瞎忙的人也不少,不信你先看看下面這個瞎忙的人。

從前,有個商人借給別人半文錢,那人很久沒有償還,他便前去討債。

討債的路上有一條大河,乘船過渡要花兩文錢。到了對岸跑上門討債,竟然連人也沒有見到。這個商人只好返回,過河時還得再花兩文錢。這樣,為了半文錢的債,他卻花掉了四文錢,而且往返奔波,弄得疲憊不堪。

忙碌之餘,最好坐下來算算帳:你起早貪黑究竟是為了什麼?你所追求的值不值得你如此付出?

如果像那個商人那樣為了半文錢的債,「賠了夫人又折兵」,還不如將精力放在如何多賺幾文錢上;或者,乾脆坐下來,喝一杯茶悠閒一下。

其四

一個波蘭人看到朋友穿了一雙鱷魚皮鞋，大為羨慕。一問之下，價錢昂貴非凡，他便決定自己去獵殺一隻鱷魚。

他找到一個沼澤，跳下水去和一隻鱷魚惡鬥許久，好不容易才把鱷魚拖上岸，卻大嘆一口氣道：「浪費了那麼多時間，抓上來的鱷魚竟然沒穿鞋。」

對於凡事不求甚解就貿然行動的人，付出與回報是很難成正比的。甚至，有時候付出與回報會成反比。付出愈多，得到愈少，因為你走的是反方向。

一位女士在深夜的高速公路獨自駕車。突然，她發現前方二百公尺處竟停著一架軍用飛機。她連忙踩剎車。

汽車在飛機旁邊停了下來。

「知道這裡是哪裡嗎？」駕機迫降的飛行員問她。

「對，對……對不起，」女士結結巴巴地回答，「我，我不知道我怎麼闖進了機場，我馬上離開這裡。」

說完，女士將方向一轉，汽車來了一個一百八十度的轉彎，朝她來時的方向急馳而去。

有些人即使在自己是對的時候，也會疑心自己錯了。把這個故事告訴那些沒有自信的人，他們一定會明白其中的意思。

以上只是筆者蒐集到的故事中的一小部分，有心的讀者也可以蒐集一些類似的小故事。在與人交流時，信手拈來作類比，一定會得到良好的說明與說服效果。

看莊子是怎麼說的

先哲們說話從來就不晦澀難懂，他們有一個共同的特點，就是喜歡利用平常之事物，來詮釋（類比說明）其思想。莊子就是其中一個佼佼者。

一次，莊子與弟子走到一座山腳下，見一株大樹枝繁葉茂，聳立在大溪旁，特別顯眼。莊子忍不住問伐木者：「請問師傅，如此好大木材，怎一直無人砍伐？以至獨獨長了幾千年？」伐木者似對此樹不屑一顧，道：「這何足為奇？此樹是一種不中用的木材。用來作舟船，則沉於水；用來作棺材，則很快腐爛；用來作器具，則容易毀壞；用來作門窗，則會滲出脂液；用來作柱子，則易受蟲蝕，此乃不成材之樹。不材之木也，無所可用，方才能有如此之壽。」

聽了此話，莊子忙對弟子說：「這棵樹因為沒有用而終其天年，這種無用難道不是有用，無為難道不是有為？」莊子又說：「樹無用，不求有為而免遭刀斧的砍伐；白額之牛，亢鼻之豬，痔瘡之人，巫師認為是不祥之物，因此在祭河神時才不會把他們投進河裡；殘廢之人，徵兵不會徵到他，故能終其天年。形體殘廢，尚且可以養身保命，何況德才殘廢者呢？樹不成材，方可免禍；人不成才，亦可保身也。」莊子愈說愈興奮，總結性地說，「山上的樹木有用處，招來折扭砍伐。油脂可以燃燒照明，被人取去煎熬。桂樹可作食用調味，所以遭到砍伐，漆樹的漆可供人使用，所以遭到切割。人們都知道有用的用處，卻不知道無用的用處啊。」莊子的這番話，用樹、牛、豬等遭遇，類比至人，弟子們聽了各個

恍然大悟，點頭不已。

一天，莊子正在渦水邊垂釣。楚王委派的兩位大夫前來請他出山為官：「我們大王久聞先生賢名，欲以國事相累。深望先生欣然出山，上以為君王分憂，下以為黎民謀福。」莊子持竿不顧，淡然說道：「我聽說楚國有隻神龜，被殺死時已三千歲了。楚王珍藏之以竹箱，覆之以錦緞，供奉在廟堂之上。請問二大夫，此龜是寧願死後留骨而貴，還是寧願生時在泥水中潛行曳尾呢？」二大夫道：「自然是願活著在泥水中搖尾而行啦。」莊子說：「那麼，二位大夫請回去吧！我也願在泥水中曳尾而行哩。」

有個拜會過宋襄王的人，得到了宋襄王賜與車馬十乘。該人依仗這些車馬在莊子面前來來去去地炫耀。莊子說：「河上有一個家庭貧窮靠編織葦席維生的人家，他的兒子潛入深淵，得到一枚價值千金的珠寶，父親對兒子說：『拿石塊來錘壞這顆珠寶！價值千金的珠寶，必定出自深深的潭底，黑龍的下巴下面，你能輕易地獲得這樣的珠寶，一定是正好黑龍睡著了。倘若黑龍醒過來，你還想活著回來嗎？』如今宋國的險惡，不只是深深的潭底；而宋襄王的凶殘，也不只是黑龍那樣。你能從宋王那裡獲得十乘車馬，也一定是遇到宋襄王睡著了。倘若宋襄王一旦醒過來，你也就必將粉身碎骨了」。莊子的這席話，可謂一針見血。

惠子是莊子的好朋友，在梁國做宰相。莊子想前往看望他。人還未到，就有人對惠子說：「莊子來梁國，是想取代你做宰相。」

　　惠子一聽，心裡開始打鼓。於是，就發動他手底下的人到全國去找莊子，想阻止莊子見梁王，一連找了三天三夜也沒有找到。莊子聽說這個事，就上門找到惠子，說：「南方有一種鳥，牠的名字叫鳳凰，你知道嗎？鳳凰從南海出發飛到北海，不是梧桐樹牠不會停息，不是竹子的果實牠不會進食，不是甘美的泉水牠不會飲用。這時，一隻貓頭鷹找到一隻腐爛了的老鼠，鳳凰恰巧從空中飛過，貓頭鷹抬頭看著鳳凰，連忙護住腐爛的老鼠，並發出怒叱：嚇！如今你也因為你的梁國來怒叱我嗎？」

　　莊子再次用奇幻的類比，把自己的心思表露得清清楚楚。惠子聽了，當然也完全相信莊子的話，不再起任何懷疑之心。

　　類比能夠化繁為簡，透過對方熟悉的事物來說明對方所不熟悉的事物，或透過簡單的道理來說明複雜的事物。用類比來說明問題非常形象，深受大家接受與歡迎。

第四章

讚美，織一張甜蜜的羅網

口才高手早就知道：人人都喜歡聽好話、喜歡被讚美。別不承認，你要是個不喜歡聽好話、不愛聽讚美的人，那真是一個無比英明的人！說你「無比英明」，你一定會很喜歡。那麼，你歸根到底還是一個喜歡聽好話、喜歡被讚美的人。

口才高手還知道：在這個物價高漲的社會，美麗的辭藻是為數不多的免費「物資」之一。你不用花錢，就可以拿讚美當禮物送給別人。而接受你禮物的人，會回饋你感激與友好。除此以外，你還將享受感激與友好帶來的一切回報。

口才高手的出眾之處就在於：知道如何恰當地讚美別人。讚美是一門精緻的藝術，高手們總是能不露痕跡地說到別人最受用的地方。

美國著名女企業家瑪麗凱經理曾說過：「世界上有兩件東西比金錢和性更為人們所需 —— 認可與讚美。」讚美之言，猶如陽光普照萬物，令身處其中的人熠熠生輝。讚美之言，猶如是一張甜蜜的羅網，令身處網中的人心甘情願被俘虜。

喜劇演員的美夢

在百老匯有一位喜劇演員，打拚了很多年，也沒有多大的名氣，他做夢都想成名，這樣，他的演出費就會高很多，也不必住在不寬敞的房子裡了。

有一天晚上，他做了個夢：夢見自己成名了，一個星期能賺十萬美元。在夢中，他站在一個大劇院的舞臺上，給坐滿劇院的觀眾表演喜劇。他表演得很賣力，但整個表演過程中他聽不到一絲笑聲，謝幕時全場也沒有一個人鼓掌。

「即使一個星期能賺上十萬美元，」他說，「這種生活也如同下地獄一般。」

說完後，這個演員就醒來了。

沒有肯定與讚揚的演員，賺再高的演出費也如同下地獄。在人生的舞臺上，如果沒有讚揚和掌聲的鼓勵，我們的生活也將缺乏應有的精彩。

讚美是最好的口德

讚美是一種美德。佛教裡，彌勒菩薩和釋迦牟尼佛本乃同時修行，釋迦牟尼佛因為多修了一些讚美的語言，因此早彌勒菩薩三十劫成佛。

不要相信真的有不喜歡「奉承話」的人，而疏於對某人的讚美。

古時有一個說客，當眾誇口說：「小人雖不才，但極能奉承。平生有一願，要將一千頂高帽子給我最先遇到的一千個人，現在已送出了九百九十九頂，只剩下最後一頂了。」一長者聽後搖頭說道：「我才不信，你那最後一頂用什麼方法也戴不到我的頭上。」說客一聽，忙拱手道：「先生說得極是，不才從南到北，闖了大半輩子，但像先生這樣秉性剛直、不喜奉承的人，委實沒有！」長者頓時手捋鬍鬚，洋洋自得地說：「你真算得上是了解我的人啊。」聽了這話，那位說客立即哈哈大笑：「恭喜恭喜，我這最後一頂帽子剛剛送給先生您了。」

　　這雖然只是一則虛構的笑話，但誰又能否定我們身邊沒有類似的長者呢？

　　威廉・詹姆斯（William James）說：「人性中最深切的稟質，是被人賞識的渴望。」林肯也說：「每一個人都喜歡人家的讚美。」在美國芝加哥發生過這樣一個案例：有位丈夫掐死了他的妻子，原因是他對妻子暢談白天所發生的得意事時，發現妻子竟然睡著了。他感到異常惱怒，竟然失手就將妻子給掐死了。儘管這個案例有點極端，但也說明人對被尊重被賞識的渴望是何等強烈。

　　所以，我們在每天所到之處，不妨多說幾句肯定別人、讚美別人的話，播下一些友善的種子。看到朋友買了一件新衣，不要忽視。稱讚一下穿上去很合身、很有精神、很漂亮或者很酷。也可以打聽一下價錢，「遇貨添錢」的傳統讚美手法，永遠都不會過時。

　　不要說別人身上沒有值得讚美的地方。世上沒有完美的好人，同樣也沒有萬惡的壞人。只要你願意，總是能夠在別人身上找到某些值得稱道的東西，也總是可能發現某些需要指責的東西，這取決於你尋找的是什麼。一位心理學家曾成功地改變一位被認為不可救藥的兒童，他的方法就是善於發現他值得讚美之處。

　　孩子的父親說：「這是我見過獨一無二的孩子，簡直沒有一點可愛的特質，沒有一點。」於是，心理學家開始從孩子身上尋找某些他能給予讚美的東西。結果他發現這孩子喜歡雕刻，且工藝很巧妙，但在家裡他曾因在家具上雕刻而受到

懲罰。心理學家便為他買來雕刻工具，還告訴他如何使用這些工具，同時讚美他：「你知道，你雕刻的東西比我所認識的任何一個兒童雕刻得都還要好。」不久，他又發現了這個孩子幾件值得讚美的事情。一天，這個孩子讓每一個人都大吃一驚：沒有什麼人要求他，他把自己的房子清掃一新。當心理學家問他為什麼這樣做時，他說：「我想你會喜歡。」

任何事物都有兩面性，明白了這個道理，你就能從別人身上所謂的缺點中找到值得讚美的亮點 ——

對熱衷鬥嘴的人，可以說：「你說話很有邏輯。」
碰到喜歡囉嗦的人：「你很細心！」
面對敏感的人：「你有藝術氣質。」
對於頑固的人，你可以說：「你很好，是一個有信念的人。」

搔癢要搔到癢處

搔癢要搔到癢處，這是一個很淺顯的道理。同樣，讚美別人也要讚到癢處。口才高手的讚美，高就高在能夠發現平常人所未注意到的癢處，用語言作為搔癢的搔子，幫別人搔得神清氣爽，五體通暢。

人云亦云的讚美雖然也是讚美，但也最多是聊勝於無的讚美而已。口才高手會努力去發現、挖掘別人所看不到的地方。你要是讚美水稻專家對於水稻培育甚至對於人類作出了多麼大的貢獻，雖然說的是事實，但他一定不怎麼在乎。因為這一塊早就被眾多高官、媒體以及千萬張嘴讚美過了，早就結了厚厚的繭子，你這一下搔過去，鐵定沒有任何感覺。

口才高手的讚美就會不同，會發掘他不為大眾所知的一面來讚美，誇他摩托車技術好，讚他飯菜做得好。這樣效果一定會好很多。愛因斯坦就這樣說過，別人讚美他思維能力強、有創新精神，他一點都不激動。身為大科學家，他也聽膩了這樣的話，但如果讚美他的小提琴拉得不錯，他一定會興高采烈。

對於任何一個人而言，最值得讚美的，不應是他身上早為眾所周知的明顯長處，而應是那蘊藏在他身上，既極為可貴又尚未引起重視的優點。正如安德列·毛雷斯曾經說過的：「當我談論一個將軍的勝利時，他並沒有感謝我。但當一位女士提到他眼睛裡的光彩時，他表露出無限的感激。」

有一位非常精明幹練的大商業家叫沃普爾，吉斯菲爾伯爵對他評價道：「他的才幹是無需別人讚美的，因為對於這一點，他自己知道得很清楚。他喜歡周旋於美女之間，有風流浮華的名聲，因此他願意別人說他溫文爾雅。他在這一點上是極易被人讚美恭維的，這也是他常常愛好與人交談的話題。由此可以證明，這是他的弱點所在。」

於是，我們找到一把鑰匙來打開他人的渴望讚美的隱祕之門，只要你觀察他們最愛談的話題便可。因為言為心聲，他們心中最希望的，也是他們嘴裡談得最多的。你就在這些地方去讚美他，一定能搔到他的癢處。

幾句恰到好處的讚美，之所以起到金石為開的作用，皆因能找到各種不同的典型人物所偏愛的讚美。一個叫凱雷的人自己對讚美的妙處總結道：「有一次，我得到機會，對身居

最高法院大法官的博羅試用讚美術。你知道，大法官總是鐵面無私的一副面孔，其內心世界隱藏得很深，一般人想讚美他，恐怕馬屁會拍到蹄上了呢。那時，博羅剛剛在西部某大學做完演講。但我很明白，如果我對這位老先生說一些關於他的演講的話，是不會討好他的，因為演講對他來說，已經是老調了，可以說猶如錦囊探物一般有把握。於是我對他說：『大法官，我真想不到一位主宰最高法庭的人，會這樣富有人情味。』他立刻對我發出會心滿意的微笑。」

「有不少人，他們喜歡聽相反的話；更有許多的人，喜歡別人把他們當作有理智的思想家。有一次，我與一個人討論一件頗有爭議的社會問題，我對他說：『因為你是這樣的冷靜、敏銳，因此我想知道，我們究竟應該站在什麼立場？』他聽了我的話，立刻現出滿面春風的樣子，並詳細對我說了他對此事的立場態度。原來此人是喜歡人家說他是敏銳、冷靜的。」

吉斯菲爾還告訴我們：「幾乎所有女人，都是很愛美的，這是她們最大的虛榮，並且常常希望別人讚美這一點。但是對那些有沉魚落雁之容、閉月羞花之貌的傾國傾城的絕代佳人，那就要避免對她容貌的過分讚譽，因為她對於這一點已有絕對的自信。如果你轉而去稱讚她的智慧、仁慈，如果她的智力恰巧不及他人，那麼你的稱讚，一定會令她芳心大悅，春風滿面的。」毫無疑問，吉斯菲爾的話，能啟發我們讚美的思路。

相對搔在長了厚繭的麻木處來說，搔到別人痛處就更加失敗與倒楣透頂了。大李去老吳家拜訪，見牆上掛著一幅照

片，照片上是一個十七、八歲的女孩。大李問：「這是……？」老吳回答：「哦，我女兒。」大李一陣猛誇孩子長得漂亮乖巧，讚老吳命好，卻沒有得到老吳多少回應。後來，大李才在偶然之中，從別人口裡得知老吳的女兒在幾年前因為車禍離開了老吳。雖說不知者無罪，但大李要是警覺一點的話，或者會話水準高一點，是不至於發展到拚命誇讚，甚至說什麼命好之類的話去傷害老吳的。

趙總今年四十歲，但看起來年紀較大。一天，來了一名新員工，在辦公室聊天，新員工說趙總顯得年輕。趙總就請他猜猜他的年齡，新員工說：「您最多五十。」趙總很失望地搖搖頭，周圍的老員工也忍不住在偷偷地笑。新員工連忙問：「那我猜的與您的年齡相差多少呀？」趙總說：「十歲。」新員工興奮地說：「您看起來真年輕，說您六十，我還真不信。」看看，又是一個蹩腳的「讚美大師」，老闆長得太顯老不是你的錯，你眼色差猜錯了十歲也就算了，無法更改了。為什麼不在聽說相差十歲時，把年紀往小十歲來說呢？「哎呀，您原來是四十歲，您看我真笨，猜得太離譜了！」不管他到底是四十還是六十，反正就該往好的地方說。

從上面的兩個例子可見，沒有把握的事情，絕不可隨意貿然行事、放肆讚美。如果一定要讚美，不妨先盡量來點火力偵察，探探底，摸摸情況再作是否深入的定奪。

要有點專業精神

讚美要有點專業精神，大而泛之的「真好啊」、「真美啊」

之類的讚美，雖也屬於讚美，但讓人感到乏味與空洞，受到你讚美的人也起不了多少愜意。如果碰上多心或不夠自信的人，說不定還會引起困惑或不安：會不會是故意這樣說的呢？難道……。

　　打個比方，別人要你看一篇他發表的文章。你看完後，只知道說「好啊好啊」的，很難取得讚美的效果。好在哪？視角獨特？結構嚴謹？行文雅致？字字珠璣？這些話不說到，難道是因為在他的文章中找不到半點此類優點，才不得不空泛地說好？

　　我們在前面談到的鄒忌，他在讚美齊威王琴藝時，是這麼說的：「……大王運用的指法十分精湛純熟，彈出來的各個音符都十分和諧動聽，該深沉的深沉，該舒展的舒展，既靈活多變，又相互協調，就像一個國家明智的政令一樣……。」

　　鄒忌的讚美恰到好處，讓人聽了不會覺得他在故意逢迎，而是真心的讚美。但要恰到好處，多少需要一點專業知識，也就是說要「懂行」。懂行的話，你就能抓住需要讚美的事和物的實質，不會說乏味膚淺的空話。許多人常犯外行的錯誤，看到什麼都說好，見到誰都說高，有的是不懂裝懂，有的是只知其一，不知其二，語言不到位，說不到點上，切不中要害，缺乏力度。

　　當然，世上的行業多如牛毛，我們不可能成為一個全才或通才。很多事物我們都沒有擁有足夠的知識去品味。這需要我們在平時有空多學習，擴大知識面。同時，對於你不具備基本知識的事物，在主動讚美時就應該避開。而在別人請

你鑑賞或評論時，也可以實實在在地說明自己不懂，然後以外行的眼光簡單地讚美也無可厚非。

有一次，我和幾個朋友去拜訪一位作家，談到他新發表的中篇小說，有的說：「寫的真感人！」還有的說：「我恐怕一輩子也寫不出這麼優秀的小說出來。」其中有一位朋友說的有點特色：「常言道，文如其人。您的這個中篇，全文大開大合，顯示了您為人的大氣；行文洗鍊，和您做事乾脆俐落的風格一致；對小人物的細膩刻劃中，又見您善良悲憫的人文情懷；寫的雖是悲劇但沒有過多地沉浸於傷感，而是將視角抬升到了產生悲劇的原因，說明您對社會有著深刻的思考。」誇文讚人，在行在理，獨闢蹊徑，巧妙地換了個新角度，令人耳目一新。他的讚美與眾不同，技高一籌。

可見，見解深刻的讚美是多麼與眾不同。不僅能讓人對你刮目相看，更重要的是：能讓被讚美者產生真實的認同感，能讓他產生與你積極溝通與交流的願望。

嬉笑怒罵皆可讚美

在球場上，我們經常聽到踢球或打球的年輕人用粗俗的語言來讚美對方，大家不僅不覺得刺耳，反而有一種十分樸實、真摯的情誼隱於其中，而受到誇獎者也不以粗話為不敬，相反，往往更加得意、十分快活，有時還會用粗話還擊，將對方著實地再誇上一番。在一場足球賽中，一個男子截到球後，快速出擊，左躲右閃，連過數人，飛起一腳攻破對方大門。只見勝方的隊員們各個大喜，另一個男子衝上去

就給那位破門勇士一拳，大叫著：「真是『牛』腳。」兩人哈哈大笑。

看來，只要罵得得體，同樣會有誇獎的效果。這大概正反映了男人們渴望掙脫枷鎖、追求野性力量的一種心態吧！事實上，嬉笑佯怒又何嘗不是讚美之法呢？

讚美一個人，並不是作報告或談工作，沒必要十分嚴肅。讚美貴在自然，它是人際交往活動中在一定場景下的真情流露。僵硬、虛誇、做樣的讚美，即使是出於真心真意，也會讓人反感、提防，甚至將你歸於阿諛小人之列了。所以，讚美的方式是多種多樣，而且是千變萬化的，在嬉笑怒罵間常可收到出奇的效果，從而增進你與朋友的友誼。

有位大學生，成績總是第一，大家打從心裡佩服他、尊敬他。有一次，他又考了第一名。在飯後的「侃大山」中，好幾位同學都誇了他，卻沒有一位是用直接讚美的方式。一位同學故作心痛，手捂胸口，嘆息道：「既生我，何生你？」引得眾人大笑。另一位作嬉皮笑臉狀：「今晚跟我去看錄影吧，既然我趕不上你，把你拉下馬也行。」而另一位同學則一副怒不可遏的樣子：「這日子沒辦法過下去了。」惹得同學們一陣歡笑。那位成績第一的同學也跟著大夥笑，並真誠地表示自己一定會盡全力幫助別人。他在同學們中的形象更好了。

嬉笑怒罵皆讚美是要講究對象、場合和方法的。如果不顧及你與對方的關係、所處的環境而濫用此法，別人就會覺得你不莊重、不真誠、俗不可耐，不但不能收到讚美對方的

效果，反而影響了自己的形象。

一般來說，嬉笑怒罵應用於非正式的場合，如在聊天、鍛鍊、娛樂中。在比較正式的場合，特別是大庭廣眾之下，切忌這些太隨便的方式。

另外，嬉笑怒罵用於年輕人之間，特別是同學、朋友間比較合適。對話人之間應彼此熟悉，關係較為親密。一般的朋友或初次見面時，則不宜採用此法。在有上、下級關係或長、晚輩關係的人之間，更不宜用嬉笑怒罵的方式來讚揚對方。

嬉笑怒罵還不宜使用得過於頻繁。因為這種正話反說、隨隨便便的讚美方式本身就有一定的冒犯他人的性質，如使用過濫，不僅會使讚美變了味，使對方誤以為你是在挖苦他，你個人的形象也會因此受到極大的損害。

拿捏準讚美的分寸

在與人交往時，有些人總是竭力恭維、美言別人。他們認為既然人都是喜歡聽好話的，那麼，自己多說好話自然就能取得好效果。殊不知別人並不怎麼買好話的帳。這是什麼原因呢？

讚美並不等於善言，讚美適度才是善言。如果錯誤地把讚美當作善言，不分事物、不分時機、不分尺度，在交際中總是千方百計、搜肚刮腸找出一大堆的好話、讚詞，甚至把阿諛當作善言，那麼常常會事與願違。

那麼，如何準確地掌握讚美，使讚美恰如其分地成為真正的善言，取得事半功倍的效果呢？

>>1. 因人而異，使讚美具有針對性

讚美要根據不同的年齡、性別、職業、社會地位、人生閱歷和性格特徵進行。對青年人應讚美他的創造才能和開拓精神；對老年人則要讚美他身體健康、富有經驗；對較年長的教師可讚美他桃李滿天下，對新教師這種讚美則不適當。

>>2. 借題發揮，選擇適當的話題

讚美本身不是目的，而是為自薦創造一種融洽的氣氛。比如看到電視機、電冰箱先問問其性能如何；看到牆上的字畫就談談對字畫的欣賞知識，然後再借題發揮地讚美主人的工作能力和知識閱歷，從而找到雙方的共同語言。

>>3. 語意懇切，增強讚美的可信度

在讚美的同時，準確地說出自己的感受，或者有意識地說出一些具體細節，都能讓人感到你的真誠，而不至於讓對方以為是過分的溢美之詞。如讚美別人的髮型可問及是哪家理髮店理的，或說明自己也很想理這樣的髮型。美國前總統羅斯福在讚揚英國前首相張伯倫（Arthur Neville Chamberlain）時說：「我真感謝你在製造這輛汽車上花的時間和精力，造得太棒了。」總統還注意到了張伯倫曾經費過心思的一個細節，特意把各種零件指給旁人看，這就大大增強了誇讚的誠意。

>>4・注意場合，不使旁人難堪

在多人在場的情況下，讚美其中某一人必然會引起其他人的心理反應。假如我們無意中讚美了某職稱晉升考試中成績好的人，那麼在場的其他參加考試但成績較差的人就會感到受奚落、挖苦。

>>5・措辭適當，不使人產生誤解

在現實生活中往往會出現這樣的事情，說話者好心，而聽話者卻當成惡意，結果弄得不歡而散。我們要盡量使讚美的語意明確，避免聽話者多心。

>>6・適度得體，不要弄巧成拙

不合乎實際的讚美其實是一種諷刺，違心地迎合、奉承和討好別人也有損自己的人格。適度得體的讚美應建立在理解他人、鼓勵他人、滿足他人的正常需要及為人際交往創造一種和諧友好氣氛的基礎之上。

在這個物價高漲的社會，美麗的辭藻是為數不多的免費「物資」之一。你不用花錢，就可以拿讚美當禮物送給別人。而接受你禮物的人，會回饋你感激與友好。除此以外，你還將享受感激與友好帶來的一切回報。

第五章
埋伏，將你引入包圍圈

　　打仗最怕中了埋伏。進了敵人的埋伏圈，難免慘敗。在軍事史上，很多有名的大戰都與伏擊有關。因此，在軍事戰術上，歷代兵家都喜歡拋誘餌、造假像，吸引對方進入自己布下的圈套，來達到己方勝利的目的。

　　說話也有設伏打圍殲的戰術，在看似無意的對話當中，將對方的話引入自己設下的包圍圈，突然殺出奇兵，一舉將對方拿下。這個戰術的運用，有三個要點：一是不能事先暴露自己的意圖，二是要預先設好圈套，三是要引誘對方鑽進來。

　　張伯伯路上碰到一個自稱遠房親戚的年輕人。年輕人說：「伯伯，您還記得我嗎？我是小武啊，您回老家時還買糖給我呢。」張伯伯有點迷糊：「小武……哦，我十多年前回北部老家時，好像記得有這個人。」「是啊，您沒忘吧，我該叫爺爺呢。」「哦，想起來了，你是張老三的大孫子，怎麼樣，你爺爺的腳好些了嗎？」「唉，還是老樣子，人老了……。」

　　張伯伯沒聽完，就掉頭走了。伯伯的老家在南部，老家倒是的確有張老三這麼一個人，但他作古已有十多年了。張伯伯不相信對方是自己的親戚，但又怕是真的被自己怠慢了。於是略施小計，透過「北部老家」和「張老三」這兩個圈套，引誘對方步入，讓對方徹底現形。

縣官智斷偷牛案

　　張三的牛被李四偷了，張三發現後想要回來，但李四堅持說牛是自己家的。於是兩人扭打至縣衙。廳堂上各自都信

誓旦旦，縣官沒轍，只好叫兩個人退下在外等候，並叫人將牛牽來廳堂。可惜牲畜不會說話，否則事情好辦多了。縣官圍著牛轉了幾圈。叫人把牛牽出，喚張三進來，問：既然牛是你家的，你說說牛後腿上那塊兩寸大小的疤痕是在左邊還是右邊？張三想了想：回稟大人，小的如果沒記錯的話，這頭牛後腿上並沒有疤痕。縣官要其一旁候審，再傳李四，問同樣的問題。李四想了想，回答：回稟大人，右邊。

縣官當即宣布牛是張三的。縣官的高明之處在於：他成功地設置了一個圈套——牛後腿上有疤痕，且具體到兩寸大小，而實際上牛後腿上根本就沒有疤痕。他用問「左邊還是右邊」的方式，引誘李四鑽了進去。

悄悄布陣，緊緊收口

十月革命剛剛勝利的時候，許多農民們拿著火把聚集到冬宮廣場，叫嚷著要點燃象徵沙皇統治的冬宮，以解他們心中對沙皇的仇恨。一些有知識、有見解的人，大道理、好話說了一籮筐，都不能打消農民們的躁動。

列寧聞訊後，立即來到現場，作了簡短的演講：

「農民兄弟們，皇宮是可以燒的。但在點燃它之前，我有幾句話要說，你們看可不可以呢？」

農民們一聽這話，便知列寧並不反對他們燒，於是答道：「完全可以。」

列寧問：「請問這座房子原來住的是誰？」

「是沙皇統治者。」農民們大聲地回答。

列寧又問：「那它又是誰修建起來的？」

農民們堅定地說：「是我們人民群眾。」

「那麼，既然是我們人民修建的，現在就讓我們的人民代表住，你們說，可不可以呀？」

農民們點點頭。

列寧再問：「那還燒嗎？」

「不燒了！」農民們齊聲答道。

冬宮終於保住了。

遷怒於物往往是情感樸質、思維簡單化的一種表現，這種情形在各個地方與民族都不少見。新的勢力推翻前一個統治者，往往也附帶推翻前朝的象徵性建築。這種粗暴的行為不理智，但可以理解。

列寧在面對不理智的群眾時，先設了一個小小的「圈套」，同意燒毀冬宮，以打消群眾對於他言辭的牴觸心理。然後，他又設了一個更大的埋伏，一步一步引聽眾進入他的埋伏圈。他先提出了「誰住的」、「誰修的」這兩個看似與主旨無關緊要的簡單問題，沒有絲毫意外便獲得了他想要的答案：沙皇住的，人民修的。這時，列寧的排兵布陣完全到位，只等收口就 OK 了 —— 既然人民修建的，被沙皇住就不合理了，那麼現在讓人民代表來住，不是物歸原主嗎？

列寧採取這種步步引誘，層層設防的手法，將原本象徵沙皇統治的冬宮與沙皇完全剝離開來，最終把錯誤的想法一舉殲滅。讓群眾終於明白：原來冬宮是人民的血汗，不能燒，

還有用。列寧的這次演講，有點像編籮筐，「編筐編簍，重在收口」，列寧不但「編織」技術夠好，收口也扎實。想一想，列寧的口才若是不夠，後果還真不樂觀。想一想，那麼多的革命群眾都情緒激昂，思維早就鑽入牛角尖了，不把他們帶出來，多危險！

從列寧說服群眾的全程來看，完全貫徹了「包圍」戰術的三個要點：一是不能事先暴露自己的意圖，他一開口就聲明皇宮是可以燒的，讓群眾對自己後面的話不要存在戒備心理；二是要預先設好「圈套」：人民修的人民住，燒了不合理；三是要引誘對方「鑽」進來，幾個簡短的問話，看似無意，實則有心。

最後值得指出的是，在本章所有的表述中，「圈套」並非貶義詞。

偷挖陷阱，誘敵深入

遇到棘手的說服對象時，不必與之正面交鋒。可以先透過一些看似與主題焦點沒有太大關係的問話，讓對方在不知不覺之中順著我的思路走，直至掉進陷阱繳槍不殺。

先秦時儒家學派的著名雄辯家孟子就是利用這種方法，說服了農家學派的陳相。

陳相向孟子宣傳農家學派領袖許行的主張，他開口就問孟子：「賢明的國君應該與老百姓一起勞動，一起耕作，治理國家，同時自己動手燒飯。」

孟子反問：「許行吃的都是自己親手種的糧食嗎？」

陳相回答說：「是的。」

孟子又問：「許行穿的都是自己親手織的布嗎？」

陳相回答說：「不是的。許行不穿布衣，而是穿毛料。」

孟子問：「許行戴帽子嗎？」

陳相回答說：「戴帽子。」

孟子問：「戴什麼樣的帽子？」

陳相回答說：「他戴的是生絹做成的帽子。」

孟子問：「許行做衣服的毛料和做帽子的生絹都是自己親手紡織的嗎？」

陳相回答說：「不是的。是用糧食到市場上交換來的。」

孟子問：「許行為什麼不自己動手紡織呢？」

陳相回答說：「自己動手去紡織會耽誤他種地。」

孟子問：「許行做飯使用鍋和甑嗎，種地使用鐵農具嗎？」

陳相回答說：「要使用。」

孟子問：「他使用的鍋、甑、農具，都是自己親手製造的嗎？」

陳相回答說：「不是的。也是用糧食到市場上去交換來的。」

孟子於是說：「各行各業本來就不可能邊種田、邊兼顧，難道唯獨治理國家的工作可以邊種田、邊兼顧嗎？」

在上面這段對話中，孟子像問日常瑣事一樣，向陳相詢問許行各種生活用品和生產工具的來源，誘使陳相不知不覺地提供了與自己主張相悖的論據，掉入了一個天大的「陷阱」。這樣，陳相啞口無言，被駁得心服口服。

抓住疑點，引至絕境

一般的閒聊中，別人話中的疑點與漏洞，沒有必要去認真。但如果是正式的、嚴肅的、重大的場合，就有必要抓住別人話中的疑點或漏洞，不動聲色地加以引導，將疑點清晰化，把漏洞擴大化，然後給予迎頭痛擊。

林肯在當律師時，曾為他朋友的兒子阿姆斯壯出庭辯護。在下面的盤問中，他成功地將證人福爾遜的謊言揭穿。而這次的辯護也因此成為佳話，流傳至今。

林肯：「你肯定死者是小阿姆斯壯殺害的嗎？」

福爾遜：「是的。我在十月十八日晚上親眼目睹小阿姆斯壯用槍擊斃了死者。」

林肯：「你發誓認出了是小阿姆斯壯？」

福爾遜：「是的。」

林肯：「你在大樹東邊的草堆後面，小阿姆斯壯在大樹下面，你們相距二三十公尺，你能看得清楚嗎？」

福爾遜：「看得很清楚，因為當時有月光，月光很明亮。」

林肯：「你一定不是從衣著等其他方面認出的嗎？」

福爾遜：「不是的，我確定看出了他的臉。因為月光正照

在他的臉上。」

林肯：「具體時間也肯定嗎？是晚上十一點嗎？」

福爾遜：「完全可以確定。因為我回到家裡看了時鐘，那時正是十一點十五分。」

林肯詢問到這裡，轉身對旁聽的人們說：「我不得不告訴大家，這個證人是一個徹頭徹尾的騙子！」

他接著說道：「請注意，他一口咬定十月十八日晚上十一點在月光下看出了被告人的臉。請大家想一想，十月十八日那天是上弦月，晚上十一點，月亮早已下山了，怎麼會有月光呢？退一步說，也許他記的時間不準，月亮還沒有下山。但是，那時月光應該是從西邊往東邊照，草堆在東，大樹在西。如果被告人臉朝草堆，月光就只能照到他的後腦勺，根本不會照到臉上，證人怎麼能從二三十公尺外的草堆處看清楚被告人的臉呢？如果被告人臉朝西，月光可以照到臉上，但證人在大樹東邊的草堆後面，那麼證人也就根本不可能看到被告人的臉。」

人們沉默了一會兒，接著，爆發出了雷鳴般的掌聲和陣陣的喝彩聲。

我們知道：一個謊言需要無數個謊言來圓謊。因此，如果在對方的話中發現了說謊的疑點或漏洞，就應該不動聲色地抓住，追問下去。而對方說的若是謊言，在追問中一定會露出更多的破綻，只要蒐集好這些破綻，彙集在一起就是一個地雷區，能將對方的謊言炸得片甲不留。

困敵兩難，自相矛盾

伏擊戰中最理想的狀態是把敵人引入峽谷之中，前後一堵，令其進退兩難，首尾不能兼顧。口才高手在論辯過程中，為了駁倒對手，有時會提出一個只有兩種可能性的前提，迫使對方在兩種可能中加以選擇。實際上無論對手選擇哪一種，推論出的結果都對自己不利，除此之外又別無他法，從而使對方陷入「進退兩難」的境地。這種縱橫術叫「困敵兩難」，具有很強的殺傷力。

在俄國著名作家屠格涅夫的長篇小說《羅亭》裡，主絞羅亭與皮卡索夫有一段精彩的對話，就使用了困敵兩難的縱橫術。

「好極了！」羅亭說，「那麼，照你這樣說，就沒有信念之類的東西了？」

「沒有，根本不存在。」

「你就是這樣確信的嗎？」

「對。」

「那麼，您怎麼說沒有信念這種東西呢？作家您首先就有了一個。」

顯然，皮卡索夫的主張是：根本不存在信念之類的東西，可是他又確信他的這個主張是正確的，而確信一種思想是正確的，本身就是一種信念。這時候，他等於承認了「有信念這種東西」。但是這又與他主張的根本不存在信念這個東西的話相悖，這樣，皮卡索夫就陷入了兩難的自相矛盾之中。

　　戰國時，楚國有個人在山上採到一種傳說吃了可以不死的草藥，他來到都城準備把這草藥貢獻給楚襄王。這個人來到王宮向傳令官說明來意後，恭恭敬敬地把草藥交給了傳令官。傳令官馬上把草藥送進宮中。

　　中射士（帝王的待禦近臣）一看傳令官手中拿的東西很神奇，就問傳令官：「你拿的是什麼奇花異草啊？」

　　傳令官答：「是長生不死藥。」

　　中射士又問：「可以吃嗎？」

　　傳令官答：「可以。」

　　中射士突然出手把草藥搶過去吃了。傳令官一看草藥被他吃了，自己無法交差，便把此事報告楚襄王。

　　楚襄王一聽勃然大怒，派人欲殺中射士。

　　中射士被捕時向楚襄王爭辯說：「臣問過此藥可不可以吃，傳令官說可以吃，臣才吃的。這說明臣沒有罪，有罪的是傳令官。何況，這種藥是長生不死藥，臣吃了它就應該長生不死，如今大王要殺死臣，臣若是被殺死了，這表明此藥不是什麼長生不死藥，而是催死的藥；臣吃了不死藥還死了，也說明獻藥的人是個大騙子；望大王深思。」

　　這個中射士運用了「困敵兩難」的縱橫術，使自己免於死罪。

第六章

委婉，一種樂此不疲的
猜謎遊戲

　　據說外國人去到中國，儘管中文的聽寫讀已經很流利了，但還是會經常陷入交流的障礙之中。他們普遍的難處是：華人說話太委婉含蓄了。明明一張口就能說清楚的事情和道理，卻喜歡旁敲側擊、左右迂迴。就像舞臺上唱京劇的演員，本來三兩步就可以直達目的，卻偏要甩著長長的水袖，踩著細碎的蓮花步，「鏘鏘鏘鏘」地繞個大圈子。

　　和京劇一樣，華人委婉含蓄的說話方式，也被稱為藝術。外國人不理解不適應就讓他們慢慢適應，反正華人不但適應而且樂於這樣，並且在某些情況之下必須這樣。比如，在鄉下若是誰家女子滿三十了還未婚配，人們可不能說「她還沒有找好對象」，或「她還沒有嫁出去」，常見的得體說辭是：「她還沒有動姻緣。」按照鄉下的說法，姻緣是天生的，因此，女子滿三十未婚配和她自身的素養或其他客觀原因無關，只是因為婚姻的緣分沒有到而已。同樣有趣的，要是誰的老婆還沒有生過孩子，普遍的說法是：「她沒解過懷。」女子解懷哺乳嬰兒，用沒解過懷來代指未育，真是婉轉得可以。

　　除了那些約定俗成的婉語之外，在我們生活中，還不停地創造著新的婉語與方法。在委婉含蓄、曲折迂迴的聲音中，人們快活地做著一種開發智力、融洽氛圍的猜謎遊戲。

父子的生意經

　　有個老人帶著兒子在鎮上賣夜壺。老人在南街賣，兒子在北街賣。沒過多久，兒子的地攤前有個看貨的人，那人看了一會兒，說道：「這夜壺大了點。」那兒子馬上接話：「大

的好哇！裝的尿多。」那人聽了，覺得很刺耳，便扭頭離去。

　　走到南街，看到了老人的攤子，自言自語地說：「怎麼都太大了點。」老人聽了，笑了一下，輕聲地接了一句：「大是大了點，可是您想想看，冬天裡，夜長啊！」

　　一句意味深長的話，說得那人會意地點了點頭，繼而掏錢買貨。

　　父子倆在同個鎮上做同種生意，結果迥異，原因就在會不會說話上。我們不能說兒子的話說得不對，他是實話實說。但不可否認，他的話說得欠缺水準。而老人則算得上是一個高明的生意人。他先認可了顧客的話，然後又以委婉的話語說「冬天裡，夜長啊」，這句看似離題的話說得實在是好，它無絲毫強賣之嫌，卻又富於啟示性。其潛臺詞不言而喻。這種設身處地的善意提醒，顧客不難明白。賣者說得有理，顧客買下來也就是很自然的了。

委婉含蓄，從容得體

　　口才高手並非指那些說起話來鋒芒畢露、刀刀見血的人。真正的口才高手說話張弛有度，進退適宜。或直指對方、咄咄逼人，達到震懾對方的目的；或委婉曲折、循序漸進，達到使對方心領意會的目的。

　　文學作品中，孫犁筆下那幾位青年婦女無疑是做到這一點的典範。孫犁在小說《荷花澱》中描寫幾位婦女：「女人們到底有些藕斷絲連。過了兩天，四個青年婦女聚在水生家裡來，大家商量。『聽說他們還在這裡沒走。我不拖尾巴，

可是忘下了一件衣裳。我有句要緊的話得和他說。一我本
來不想去，可是俺婆婆非叫我再去看看他 —— 有什麼看頭
啊！』」

　　這幾位青年婦女的丈夫都參軍走了，無疑，她們的共同
心理就是很想念自己的丈夫，都很想去駐地探望一下。但
是，由於害羞，不好當著眾人直接說出來，就各自找一個很
好的託辭來表達本意，她們覺得到駐地去的理由是十分充分
的，非去不可。這就含蓄地表達出自己的意願，旁人聽起來
也覺得有理。相形之下，直接說自己很思念丈夫，想去駐地
探望一下就太露骨了，又可能引起其他比較進步的姐妹的不
滿。孫犁筆下的這幾位普通的青年婦女不自覺地運用了交涉
中的一種很好的藝術：委婉含蓄，使對方自悟其意。

　　生活中，我們有時會聽到有人這樣評價一個人：「他說
話能把人嚇死！」這就說明說話太直接了，容易使人一時難
以接受，事倍功半。甚至有時我們的本意雖然是好的，但是
由於說得太突然太直接了，而難以達到目的，誤人誤己。其
實，華人對這方面還是很注意的，比如說在我國傳統的修辭
方法中，就有一種「婉約」手法。求人辦事說得委婉一點，
含蓄一點，使對方自己領悟到那層意思，可以給雙方更多的
考慮空間，也容易讓人接受。

　　楊洪是三國時期的蜀郡太守。他的門下書佐何祗出道時
間短，卻升遷很快，居然當上廣漢太守。每次朝會，楊洪都
要和同為太守的昔日部下何祗平起平坐。楊洪心裡有點不平
衡，在一次朝會空閒，他語帶嘲謔地問何祗：「你的馬怎麼跑
得這麼快？」

很明顯，說的是馬快，但實則是指升遷的速度快。

這個問題，暗藏鋒芒，不好回答。老老實實地回答為什麼自己的馬快（馬的品種好？駕車的人技術好），沒什麼意思，也有答非所問之嫌。那麼直接把問題說開，解釋自己快速升遷的理由？也不好，有自以為是、自我吹噓的嫌疑。當然，對於這類問題，完全可以模糊視之，打哈哈就過去了。

但何祗不同。他笑呵呵地回答：「不是小人的馬跑得快，實在是因為大人您沒有給快馬加鞭啊。」

拋開楊洪的陰暗心理不說，他的提問的確夠水準。而何祗的回答更為高明，委婉地解釋了自己升遷快的原因是勤勉，而對方升遷慢的原因是不夠努力。兩人的對話都很委婉，不明就裡的人還真不知道話裡有話。他們在委婉中完成了一場小小的交鋒，卻又照顧了彼此的身分與面子。

做人固然要正直、直率，但並不意味著說話都要直言，因為直來直去的話最容易傷人，使人反感厭惡。例如，當妻子買了一塊布料徵求丈夫的意見，丈夫覺得妻子用這塊布料做成衣服穿不太適合，如果丈夫不尊重體貼妻子的心情，直截地批評說：「妳看妳的審美觀真有問題，一把年紀了還穿這麼鮮豔的衣服，豈不是老妖婆了？」這樣生硬、貶損的話必定會傷害妻子的自尊心。如果丈夫換一種方式來表達：「還不錯，顏色真鮮豔，女兒的同學穿的就是這種布料，真的很漂亮。」這意見說得委婉得體，不但反對的意見傳遞出去了，還更容易被妻子接受。

總之，委婉說話不僅是一種策略，也是一門藝術。含蓄

委婉地說話，正是為人成熟的表現。身為一個現代人，應該有這種文明意識，掌握這一有利於人際交流的語言表達方式。

活用暗示，巧解難事

暗示不是一種隱蔽的、含蓄的提示，是一種巧妙的說話方式。運用暗示的說話方式，可以將一些不便明說的意思表達出來。

美國經濟大蕭條時期，找到一份工作是很困難的。有位小女孩幸運地在一家高級珠寶店，找到了一份銷售珠寶的工作。有一天，珠寶店裡來了一位衣衫襤褸的年輕人，年輕人滿臉悲愁，雙眼緊盯著櫃檯裡的那些寶石首飾。

這時，電話聲響了，女孩去接電話，一不小心，打翻了一個碟子，有六枚寶石戒指掉到地上。她慌忙撿起其中五枚，但第六枚怎麼也找不到。此時，她看到那位年輕人正惶恐地向門口走去。頓時，她意識到那第六枚戒指在哪兒了。當那年輕人走到門口時，女孩叫住他，說：「對不起，先生！」

那年輕人轉過身來，問道：「什麼事？」

女孩看著他抽搐的臉，一聲不吭。

那年輕人又補問了一句：「什麼事？」

女孩這才神色黯然地說：「先生，這是我的第一份工作，現在找工作很難，不是嗎？」那位年輕人很緊張地看了女孩一眼，抽搐的臉才浮出一絲笑意，回答說：「是的，的確如

此。」

女孩說：「如果把我換成你，你在這裡會做得很不錯。」

終於，那位年輕人退了回來，把手伸給她，說：「我可以祝福妳嗎？」

女孩也立即伸出手來，兩隻手握在了一起。女孩仍以十分柔和的聲音說：「也祝你好運！」

年輕人轉身離去了。女孩走向櫃檯，把手中握著的第六枚戒指，放回了原處。

本來，這是一起盜竊案。在一般情況下，大多數人可能會大叫抓偷竊者或者報警。但是，這位女孩卻巧妙地運用了暗示，既沒驚慌也沒聲張，卻使小偷歸還了偷竊物，那小偷也沒有當眾出醜，體面地改正了自己的錯誤。假如那女孩大喊大叫，說不定小偷會在情急之下飛快跑了，或偷偷將戒指扔到某個難以尋找的角落。

暗示的顯著特點是「言此而意彼」，能夠誘導對方領會你的話，去尋找那言外之意。從心理學的角度來看，委婉暗示的話，不論是提出自己的看法還是勸說對方，都能維護對方的自尊，使對方容易贊同，接受自己的說法，進而也就達到了溝通的目的。

生活中有很多尷尬的事情發生，如果直截了當，可能會讓大家陷入難堪的境地。此時，不妨巧妙地旁敲側擊，用暗示的方式來提醒對方。

張小姐是王老闆的祕書，有一次他們去陪幾個重要的客戶。酒桌上推杯換盞，氣氛友好而熱烈。突然，張小姐無意

中發現剛從洗手間出來的老闆忘記拉褲子的拉鍊。張小姐連忙朝著還沒落座的老闆，低聲說：「王總，您剛才出門是不是忘記關車庫門了？」老闆一聽，這個幽默我在網路上看到過啊，難道……連忙下意識低頭看，好在張小姐早就幫他擋住了客戶的視線。老闆嘿嘿笑了笑，轉身進了洗手間。過會兒出來時，說：「哎喲，把手錶忘在洗手臺上了，幸虧張小姐提醒，否則就丟了。」一場尷尬就這樣化為無形。

暗示最怕的是太「暗」，「暗」到別人很難明白你的真實意思，那就白暗示了。拿上面的輕喜劇來說，車庫門忘關代指忘記拉拉鍊的小幽默，幾乎上網的人各個都看到過。因此，祕書的話老闆一聽就馬上能聯想到發生了什麼事情。而要是祕書直接說：「老闆，你忘記拉下面的拉鍊了。」老闆當時一定會臉紅、不好意思，雙方也會有尷尬。而祕書採取暗示的說辭，雙方都會輕鬆許多。

春秋時，有一次晉文公率軍進攻衛國，行軍途中，看到有一個人在路邊仰頭大笑。此人叫公子鉏，他想阻止晉文公進攻衛國。晉文公問：「你因何發笑？」

公子鉏說：「有個人送他的妻子回娘家，在半路碰到一個很漂亮的採桑女，就嬉皮笑臉地和她搭話。等他回頭一看，卻見另一個男人正在向他的妻子頻頻招手致意。」

晉文公聽後，猛然明白了公子鉏的意思，立即下令火速回師，還沒到家，就發現果然有人在攻打晉國的北部邊疆。

這麼高明的暗示，大約只有高手才想得出，也只有高手才能會意。

暗示最怕碰到榆木腦袋，你再怎麼指點都不開竅。在《梁山伯與祝英台》中，祝英台不停地暗示暗示再暗示，可憨厚的梁兄就是不開不開不開竅，怎麼點也點不醒點不透，讓看的人都急死了。但觀眾急沒有用，祝英台急也白搭。最後，悲劇不可避免地出現了。好在那是戲劇，人物與情節的安排要符合劇情的需要，生活中這樣榆木的人不多見，要是你有幸碰到，還是不暗示好。這本書裡介紹了很多說話的方式，不要吊死在一棵樹上。

多兜圈子，少碰釘子

　　左三圈右三圈，脖子扭扭屁股扭扭……兜這種圈子有益健康。說話兜圈子，左三圈右三圈，天南地北古今中外……會有什麼益處呢？

　　某天，一位年輕媳婦看到小姑穿了件新的羊毛衫，猜想是婆婆買給她的，便故意高聲地對小姑說：「哇，從哪兒買來的羊毛衫，真漂亮！」婆婆便在一旁答話道：「從巷口那家商店買的，剛進的貨。我先買了一件，讓你們倆試穿看看，要是喜歡，明天再去買一件。」

　　年輕媳婦其實是也想要一件，但又不好意思說出口，於是轉而向小姑誇羊毛衫，「顧左右而言他」。聰明的婆婆也聽出了弦外之音，便答應也買一件給她，於是，年輕媳婦達到了她的目的。

　　有位年輕人早早回家做了一鍋紅棗飯。妻子下班回來，端起碗，高興地問道：「這棗好甜啊，哪裡來的？」丈夫說鄉

下姑媽帶來的。妻子不無感慨地說：「姑媽想得可真周到啊，年年帶棗來！」丈夫說：「那還用說，我從小失去父母，就是姑媽把我撫養大的嘛！」妻子說：「她老人家這一生也真夠辛苦的。」稍後，丈夫忽然嘆了口氣，說：「聽幫忙拿棗來的人說，姑媽的老胃病又發作了，她一個人在鄉下真辛苦……。」「那就接來吧，到醫院好好治療。」不等丈夫把話說完，妻子就說出了丈夫想說還未說出的話。年輕人想接姑媽來治病，但不直說，而是透過吃棗飯、憶舊情，左三圈、右三圈地兜來兜去塑造一種適合的氛圍，然後再說姑媽生病，而讓妻子接過話題，說出接姑媽來的話。這樣言來語去，自然圓滿，比直說高明多了。

在我們日常生活和工作中，有時候，我們還真的需要在說話時「兜兜圈」。那麼，在什麼樣的情況下，我們需要在說話時兜圈子呢？

第一種情況是，為了顧及情面，有些話不方便直說出來，這時需要兜圈。比如婆媳之間、戀人之間、兩親家之間等，都是後天建立起來的情感之塔，基礎不牢固，交往中雙方都比較謹慎、敏感，言語中稍有差錯，都會帶來不快或產生誤解、造成矛盾。

第二種情況是，為讓對方更易接受，這時可以運用「兜圈子」的說話方法。有些話直接挑明了估計對方一時難以接受，一旦對方明確表示不同意，再要改變其態度就困難多了。在這種情況下，為了強調事理，說服對方，就可以把基本觀點、結論性的話先藏在一邊。而從有關的事物、道理、情感開始兜圈子，等到事理通暢、明白，再稍加指點，更能化

難為易，達到說服對方的目的。前面舉的那位年輕人就是針對這種情況而兜圈子的。如果他直言要接姑媽來治病，妻子不一定同意。而透過吃棗飯、談紅棗、憶舊情，事理人情雙關，形成了把姑媽接來的充分理由，水到渠成，所以不用自己講，妻子就把他的心裡話說出來了。

兜啊兜，繞啊繞，避實就虛，多路進攻，旁敲側擊，曲徑通幽。在運行的過程中，去尋找溝通的最大公約數，或是爭取更多的時間以利溝通的進行。這種兜來繞去的方式，總能把不好聽的說得中聽一點，把不雅觀的說得好看一點，把不能讓人接受的說得能讓人接受，最終圖的是聽的人舒服，說的人順心。

婉轉拒絕，不傷面子

身為社會人，我們要遵循的做人原則之一是樂於助人。但並不是每個人都有時間、能力、精力，總是去樂於助人的。想做個有求必應的好好先生並不容易，人們的要求永無止境，往往是合理的、悖理的並存，如果當面你不好意思說「不」，輕易承諾了自己無法履行的職責，將會帶給自己更大的困擾和溝通上的困難。更何況，在你的責任範圍裡，還有幫助家人、成就自己的任務。

喜劇大師卓別林曾說：學會說「不」吧！那你的生活將會美好得多。是的，說「不」的確能替自己省很多事。但這個「不」不是就一個字那麼簡單。對別人的請求，簡單的一個「不」字，不給別人面子，也很容易讓自己臉上貼上不近

人情、冷酷的標籤。

「不」的意思一定要表達出來，因為我們不能一輩子做別人手裡的木偶。我們需要自己的時間與空間來發展自己。那麼，如何巧妙一些，既表達了「不」的意思，又不至於讓人際關係陷入冷漠？

我們在此提倡一種婉轉拒絕，既拒絕了別人，又不至於讓彼此難堪。其大致常用的方法有四種。

一為條件應允法。條件應允法，顧名思義，是帶有條件的應允。你要我做什麼可以，但是有一個前提，而前提沒有達到的話就不能履行了。舉個例子，莊子當年找監河侯借錢，一開口，要三百兩金子！監河侯聽了，這麼多啊，不借。不借是不借，但拒絕人家得非常有水準。監河侯說：「好，過段時間我要去收租，如果能夠收齊，就借你三百兩金子。」這話聽起來是應允了，但裡面透露出資訊，隱含了條件，留足了退路。透露了什麼資訊呢？── 我現在不借，不借的原因是手裡不寬裕，要收租後才有。隱含了什麼條件呢？── 如果能夠將租收齊。留足了什麼退路呢？── 一是要過段時間，二是如果沒有收齊租金的話不借。莊子是多麼聰明的人，一聽這個回答也沒有半點辦法。

在運用條件應允法時，要注意條件的設置，要與別人的請託有密切關係，方才說得過去。比如別人向你借錢，你說好吧，等太陽從哪邊出來吧。這成了什麼，太陽從哪邊出來和借錢有什麼關係，再說太陽也不可能從西邊出來啊。你不是存心戲弄人家嗎？那要怎麼說呢？你看現在股市不是不景

氣嗎？如果你玩股的話，可以說：「好啊，等我的股票解套了吧。」天知道你有多少股票被套，套了多深，何時能解套！

其二是推託其辭法。人生活在一個大的社會中，互相制約的因素很多，為什麼不選擇一個盾牌擋一擋呢？如：有人託你辦事，假如你是指導人員之一，你可以說，我們單位是集體領導，像你這個事，需要大家討論，才能決定，不過，這件事恐怕很難通過，最好還是別抱什麼希望，如果你很堅持的話，等大家討論後再說，我個人說了不算數。這就是推託其辭，把矛盾指向了另外的地方，意思是我不是不幫你辦，而是我辦不了。聽者聽到這樣的話，一般都會打退堂鼓，會說：「那好吧，既然是這樣，我也不為難你了，以後再說吧！」

其三是答非所問法。答非所問是裝糊塗，給請託者暗示。如：「這件事您能不能幫忙？」答：「我明天必須去參加會議。」

答非所問，婉拒了對方，對方從你的話語中感受到，他的請託得不到你的幫助，只好採取別的辦法。這種情形常常發生在上下級之間，我以前在某單位就經常遇到。明明找老闆要求漲薪水，小心謹慎地說出後，被老闆一些東南西北的話岔開了。怎麼轉也轉不回來。

其四是含糊拒絕法。如：「今晚我請客，請務必光臨。」答：「今天恐怕不行，下次一定去。」

下次是什麼時候，並沒有說定，實際上給對方的是一個含糊不清的概念。對方若是聰明人，一定會聽出其中的意

思，而不會強人所難了。

　　說了那麼多拒絕別人的方法，並不是說我們就應該拒絕一切求助。每個人的時間、金錢、資源都是有限的，對於有些請求，我們實在是沒能力或沒必要去硬當好人。同時，需要提醒讀者的是，也不是所有的拒絕都要用糊塗法，事實上，有些情況下你也完全可以直接拒絕對方。要根據具體情況來選擇適合的方法。比如你的好友打電話要你陪她去逛超市，你完全可以直接告訴她：「對不起，我沒空，我要做什麼什麼事情。」不需要任何拐彎抹角，效果更好。

　　拒絕別人最好能夠委婉，因為沒有人喜歡被拒絕；被別人拒絕一定要大度，因為拒絕你的人總有他的理由。

想說愛你，其實不難

　　有一首歌是這樣唱的：「想說愛你，並不是件很容易的事，那需要太多的勇氣。」這歌詞其實只對了一半，前面說的求愛不容易是實話，後面說的「勇氣」不對，應該是「那需要太多的智慧」。只知道鼓起勇氣去求愛，難免一次一次地唱：「為什麼受傷的總是我？我到底做錯了什麼？」

　　你到底做錯了什麼？不善於表達愛意！

　　在現實生活中，異性之間的友誼和愛情有時是十分模糊的，很容易讓人誤解。因為有的愛非常羞澀，隱藏得非常深，而有的愛則是無意識的，儘管已深深地被對方所吸引，但仍不覺這是愛。人的感情是十分複雜的，兄長式的愛、姐姐式的關懷、妹妹式的依賴和弟弟式的信任，這些包含著複

雜感情成分的交往，往往很容易給人模稜兩可的感覺，而對於還沒有意中人的男女來說，對此又非常敏感，對感情訊號的接收系統往往傾向於「愛情」這一邊，因而時常會導致錯誤的理解。

還有一種情況可以算作是「中間地帶」，既有友誼的成分，也有愛的成分，既可以停留在友誼的層面，也可以提升為愛情的關係，當事人尚猶疑不定，不知道停止還是前進，因而在表現上、言談間很朦朧，讓你難以掌控，很多男女往往因處在這「中間地帶」而感到很迷茫。

區分友誼或愛情的辦法是，當你很明顯地感到對方是把你當作普通的朋友時，你就不要有非分之想，可把兩人的關係劃定在友誼層面上。當你感覺是「中間地帶」，即已分不出是友誼還是愛情時，抑或友誼與愛情參半時，就必須採用試探的辦法，探明他（她）對你是友誼還是愛情。

用語言試探是最常用、也是最直接的辦法，因為人們相處最方便、機會最多的工具就是語言。試探對方對你是否有意的語言很多，可以直接發問，可以一語雙關，或借題發揮等等。以下舉幾個例子：

1. 兩人走到一個鮮花攤前，你（男）說：「這玫瑰好漂亮，我買一枝送給妳好嗎？」她頷首同意，你就買一枝送給她，並說：「如果妳喜歡這種花，我以後會常常送一束給你，如何？」她如果沒有拒絕，說明對你有意。

2. 兩人聊天談到選擇時，問：「你心目中的丈夫（妻子）是什麼樣的？」如果她（他）對你有意，描繪的「形象」肯定是以你為「範本」的，你應該就心裡有數了。

3. 兩人在談及人品、個性等話題時，你借題發揮說：「要是誰娶了妳，肯定很幸福。」看她怎麼回答，就可判斷她對你是否有意。如果她說：「唉，我這種人誰會要啊。」那麼基本上是她明白你的暗示之後在暗示你了。接下來怎麼說，還要教嗎？「我覺得妳很好啊」或「真的沒人要，就嫁給我算啦」等等，視當時的情況而定。

4. 一語雙關。這是含蓄示愛的慣例。比如瑤瑤與她青梅竹馬的鄰居大明互相愛慕，但苦於一直沒機會表達，有一天，大明搶著幫瑤瑤挑水，瑤瑤撒嬌地說：「好，給你挑，你幫我挑一輩子。」值得注意的是一語雙關一定要準確、易懂，不能模稜兩可，讓人產生歧義。

第七章

激將，用重錘擊出激昂的鼓聲

　　什麼是激將法呢？簡單地說，就是用反面的話刺激別人，使其下決心去做某件本不想做的事或說不想說的話，從而起到良好的語言表達效果。激將法源於古代的兵法，在很多著名的戰役中，我們都能看到激將法的影子。

　　「水激石則鳴。「縱橫高手都擅於有效地運用激將法，將語言的大石頭扔進對方的心裡，激起驚濤駭浪，然後自己趁勢揚輕舟過萬重山。

　　夫妻倆吵架，因為丈夫徹夜賭博的問題。雖賭得不大，但徹夜不歸問題就大了，為這件事夫妻吵過好幾次了，每次丈夫說會改，但不久又會再犯·這次又犯了，又吵架，吵著吵著，丈夫又說會改，妻子不相信了：「改改改！你說過多少次改了！你要是能改，除非太陽從西邊出來！」

　　結果，太陽沒有從西邊出來，丈夫卻改了徹夜不歸的問題。妻子用的激將法，或許是有意，或許是無意。但無論如何，她的那番話挑起了丈夫好勝的心理：我偏要改給妳看，就算太陽不從西邊出來！

　　人爭一口氣，佛爭一炷香。古往今來，為爭一口氣的人們總是不惜犧牲一切。了解了這個道理，你就會明白激將流行了千年，為什麼至今仍盛行不衰的原因。

賈伯斯智挖史考利

　　一九八一年，IBM 推出個人電腦，蘋果在這個藍色巨人的攻勢下節節敗退。

蘋果電腦的掌門人賈伯斯（Steven Paul Jobs）有點著急，為了打贏勝仗，決定去挖角百事可樂的總裁約翰·史考利（John Sculley）。史考利在百事可樂做得好好的，為什麼要來淌蘋果這灘渾水呢？

賈伯斯對史考利的激將之語被業界傳為名言：「如果你留在百事可樂，五年後你只不過多賣了一些糖水給小孩，但到蘋果，你可以改變整個世界。」

史考利貴為大公司的總裁，突然被賈伯斯諷為「賣糖水給小孩」，心裡的豪情頓時升騰，於是他加盟蘋果，替代賈伯斯的位置，做蘋果的總裁。

一九八二年，史考利走馬上任，很快就將蘋果的劣勢徹底扭轉。

很多時候，勸將不如激將，人都是有自尊的，找准這個點，狠刺一下，透過巧妙的刺激，可以促其作出卓有成效的反應。

激將是一味猛藥

透過各種方法，讓對方情緒激動，在無意識中受到你的操控，去做你想請他做的事。這就是激將法的妙處。

一提到啟功，我們第一個反應是：他是一位著名的書法家。其實，啟功不僅書法超凡，在繪畫、國學上，都有著極深的造詣。啟功年少時學畫，頗有所成。一位長者命他作畫一幅，裱後掛起。啟功是得意，然而長者又說：「畫完後不

要落款，請你的老師落款。」這話令啟功大受刺激，遂暗下決心，發奮練字。到了後來，啟功的書法竟是超越了他的繪畫。啟功的字，柔中帶剛，溫潤而不失清峻之氣；渾成莊重，秀美而兼有蕭散簡遠之意。

　　人的動力從何而來呢？ 是從天上掉下來的嗎？ 當然不是，是來自於內心，表現於外在。在我們過去的經歷中，一定也會遇到類似的情形：被人嘲笑、輕視。有一些已經忘了，而有一些卻那麼刻骨銘心。對於那些刻骨銘心的「恥辱」，你不會只是記恨吧？ 可為改變恥辱如啟功一樣努力過？

　　從心理學的角度來看，當一個人的自尊心受到了強烈的負面刺激時，往往會產生強烈的羞恥心。愈是好強、自信的人，其羞恥心愈強。在羞恥之下，人有可能激發出驚人的力量與恆久的毅力。所謂「知恥而後勇」，說的就是人在遭受恥辱後的奮發圖強。

延伸閱讀

　　拿破崙身為一名偉大的軍事家，其激勵士兵的口才也是極為出色。有一次，一名士兵騎的戰馬在進攻時被打死了，拿破崙將自己胯下的名貴寶馬讓給士兵。士兵很驚恐：「不，不，這是您的馬，一匹非常高貴的馬，我不能……。」「騎上牠，繼續衝鋒！」拿破崙大聲呵斥：「要記得，任何一匹高貴的馬騎在法蘭西士兵的胯下是牠至高的榮譽！」士兵聽了，騎上馬如旋風般地衝向敵陣。這是拿破崙正面的激勵。他還善於從負面著手，用激將法來鼓舞士氣。

　　當歐洲反法神聖同盟來勢洶洶地進攻法蘭西時，拿破崙的軍隊迅速展開了一場激烈的防禦戰。拿破崙手下兩個屢建奇功

的軍隊因防禦任務過於艱鉅，被反法軍隊打得落花流水，四處逃竄。這兩個軍隊士氣陷入了低落之中，紛紛後退求生。

拿破崙來了，他背著雙手走過潰軍，沉默不語。良久，他終於怒聲傳令：「集合！全體士兵統統集合！」

垂頭喪氣的士兵們聚攏，忐忑不安地等待拿破崙的裁決。

拿破崙雙手抱胸，在隊伍面前踱來踱去，腳步愈來愈急促，皮鞋敲打著地面的聲音愈來愈響，震得殘兵敗將們心驚肉跳。他們偷偷覷視統帥，煩躁不安地等待訓斥。拿破崙終於滿懷悲憤地開始演講：

「你們不應該動搖信心！你們不應該隨隨便便丟掉自己的陣地！你們知道，奪回那些陣地是多麼的不容易，要付出多大的代價呀！」

看著士兵們慚愧地低下了頭，拿破崙猛然回頭命令道：「參謀長閣下，請您在這兩個軍隊的旗子上寫下這樣一句話：我們不再屬於法蘭西軍了。」

這下，全場一片譁然。把國家的利益和自己的榮譽看得至高無上的士兵們，當然明白這句話的分量。他們羞愧難當，甚至有人下跪嚎哭道：「統帥，您再給我們一次機會吧！我們要將功贖罪，我們要雪恥啊！」

拿破崙見狀，相信他的軍隊能以自己的英勇行為洗刷上一次的恥辱，不禁神采飛揚，當眾振臂高呼：「對！早該這樣了。這才是好士兵，才像拿破崙手下的勇士；這才是戰無不勝的英雄！」

後來，面對反法同盟的瘋狂進攻，惡戰一場接著一場。可是，這兩個軍隊異常驍勇，戰鬥力極強，幾乎是攻無不克，戰無不勝，多次重創敵軍，建立了赫赫功勳。

兵敗如山倒，軍心也如山倒。面對一群殘兵敗將，不下一

劑猛藥，是無法治好氾濫成災的低迷情緒的。拿破崙抓住士兵的內心，欲揚先抑，使用激將法把將士們的情緒煽動到極點。使他們哭著喊著要重新投入戰鬥，要用鮮血來捍衛自己的榮譽。

可見，激將簡直有化腐朽為神奇、起死回生的巨大力量。如果說高手的語言是一把刀的話，那麼激將法絕對是一把「殺人」不見血的刀。如果說高手的語言是葫蘆裡的藥的話，那麼激將法絕對是那帖藥效最猛的藥。

孟子說過：「一怒而天下定。」這怒因刺激而起，勇氣也從膽中生，許多事業憑一怒而成，也有無數壞事起於一怒之差。可見這「激」的功用，達則兼善天下，窮則禍及本身。所謂「激將」，是指對人來說，即激發人的勇氣，替自己去執行任務。

猛藥該如何熬製

激將的方式很重要，方式決定了最後的成敗。唐僧因為誤會孫悟空，把其趕走。後來唐僧被妖精抓走，將被燉著吃。豬八戒沒辦法，請孫悟空出山救師傅。孫悟空因為是被唐僧攆走的，心裡還記恨著，但一聽豬八戒說那妖精聲稱要剝自己的皮、抽自己的筋、啃自己的骨、吃自己的心，氣得抓耳撓腮，連忙下山打妖精救師了。

豬八戒看起來不靈光，但在請猴哥出山時還真聰明。他一個巧妙的激將，就讓猴哥的心裡發癢，完全不顧師傅對自己的誤會，想法全都是該怎麼把妖精打得落花流水，以解自己心頭之恨！

激將是富於戲劇性的謀略，常見於諸多典籍中。沒有人

願意輕易服輸，英雄人物之所以能夠做出驚天動地的事，往往就因為他們爭強好勝。這一點，正是激將的心理基礎。激將術主要是透過隱藏的各種方法，比如言語的挑撥或事情的刺激，讓對方進入激動狀態，如憤怒、羞恥、不服，從而去做平時不敢做、不願做的事。

漢獻帝十三年，梟雄曹操親率百萬大軍壓境，劍指蜀漢與東吳。諸葛亮奉劉備之命，去遊說東吳聯手抗曹。

諸葛亮到了吳國後，沒有輕舉妄動直接勸說孫權。他想先取得掌握吳國兵馬大權的周瑜大將軍的支持。諸葛亮和周瑜都是曠世奇才，他們的過招可謂精彩紛呈。那天，諸葛亮、魯肅、周瑜共商大計。首先，由魯肅進行軍情匯報。周瑜聽了，賣了關子：「應該向曹操投降。」這其實不是周瑜的真正意思，他這樣說是想將諸葛亮的軍。周瑜料定諸葛亮不會投降，也揣摩出了諸葛亮此行的目的。他這麼說只是想把自己放在一個有利的位置，以便在聯合抗曹的談判中獲取更大的籌碼。

諸葛亮豈會輕易上當，慌慌張張地說什麼「都督萬萬不可」之類的話，將自己硬生生地置於談判劣勢之下？他聽了之後，只是微微一笑，順著周瑜的話說：「將軍所言極是！」這下輪到周瑜納悶了。

雙方既然都「主張」投降，那還有什麼好談的？諸葛亮於是轉了一個彎，把魯肅拉來當炮灰。他裝出很詫異的樣子，說：「魯肅將軍居然主張和曹操對抗，真是不了解天下大勢。」

利用了魯肅一把，諸葛亮開始切入正題：「吳國的投降很簡單，幾乎沒有任何損失，不外乎就是把大喬、小喬兩名美女獻給曹操，這樣曹操就會心滿意足地退兵。」接著，諸葛亮高聲朗誦起〈銅雀臺賦〉。

誦完賦後，諸葛亮繼續說：「此賦是曹操兒子曹植所作，當年曹操在建銅雀臺時，曹植特作賦來讚美，其中之『攬二橋於東南兮，樂朝夕之與共』中，用『二橋』來影射『二喬』，意思是說『當大王即位之後，在江河畔景盛之地建金殿玉樓，極盡庭園之美，藏江東名媛大喬、小喬於此天天歡娛。』吳國美女無數，獻上大喬、小喬如同從大樹上落下兩片樹葉而已，根本就沒有什麼大不了的。所以，要投降的話，速速把大喬、小喬送往曹營，問題便可順利解決，根本不必再讓將軍勞神。」（諸葛亮在此篡改了曹植原文並故意歪曲其意思，原文為「連二橋於東西兮，若長空之蝃蝀」。）

大喬是「先帝」孫策的遺孀，小喬可是周瑜的心肝寶貝，二人是江南最為出色的姐妹。獻上大喬可謂大不義，獻上小喬可謂絕無情。自古英雄皆難過美人關，多少豪傑衝髮一怒只為紅顏！這樣無情無義的事情，豈是英雄所為？諸葛亮的話就像在周瑜身上挖心挖肺，故作深沉、得意洋洋地對諸葛亮大演其戲的周瑜再也無法保持冷靜了，他離座而起，將酒杯擲碎於地上，厲聲罵道：「曹操這老賊未免欺人太甚！」

諸葛亮用了一個小小的激將法，就將周瑜抗曹的本意給激發出來。諸葛亮見火候已足，便打鐵趁熱，把當前的局勢仔細地分析一遍，努力找出聯合抗曹的理由與勝算，更加堅定了周瑜的信心。

果然，周瑜在次日就於文武百官面前向孫權請戰，並且果斷地催促孫權說：「只要主公授臣精兵數千攻打夏口，臣必能大破曹軍。」

「激將法」中的「激」，有兩種方式，一種是從道義與情感的角度去刺激對方，讓對方覺得不是願不願意去做，甚至不是能不能做的問題，而是無論如何都必須去做，如果不做就不符合道義，對不起自己的良心。如諸葛亮用大喬、小喬來激周瑜。另一種是純粹激起別人的好勝心。如我們前面舉的妻子對徹夜不歸的丈夫的失望，並斷定除非太陽從西邊出來，丈夫才有可能改正，結果丈夫出於好勝心理，居然就改了壞毛病。這個方法在我們生活中經常遇到與運用。比如丈夫說：「總有一天我會賺到一百萬的。」有的妻子當然會溫柔地說：「老公，我相信你。」但也有的妻子會說：「哼，就憑你？做夢吧？」後者不一定是真的不相信，有時也是一種刻意的激將法。身為男人，或許都不會喜歡後者，但對於有些只知道說而懶得行動的男人來說，還真的只有後者才管用。

激將法在我國歷史由來已久，傳播也十分廣泛。因此在運用時，最怕被人識破。「哈哈，你想激我，我才懶得……。」類似熟悉的話一出來，就意味著你的激將宣告失敗。如何將激將顯得隱蔽，這點非常重要。看看下面這個服裝批發商是如何激一個服裝店老闆上鉤的。

服裝店：「老闆，有沒有什麼新款式的牛仔褲？」

批發商：「有啊，不過新款有點貴……。」

服裝店：「是多貴啊？」

批發商拿來樣板：「單價五百三十四元，對了，一百條才出貨，你那裡有能力拿麼多嗎？」

服裝店：「一百條？ 小意思！ 主要是看貨的品質與款式。」

後來的過程就不再贅言了。從他們的對話中，批發商巧妙地運用了輕微的激將法，在原本單純的生意裡，植入了一些「有點貴」、「你那裡有能力拿那麼多嗎」的元素，將生意增加了一點意氣的成分。整個過程進行得十分隱蔽，把後者的情緒給挑動了起來。雖然生意不一定會因為這些小技巧而成功，但有一定的助力是可以肯定的。

這藥適合下給誰

在《三國演義》第七十回中有這樣的話：「請將須行激將法，少年不若老年人。」大意是說：對好勝心強的青壯年，三催四請還不如激將。

「激將」重在要「激」出對方心中的驚濤駭浪。有些城府淺、道行低的人，幾塊石頭投下去，就可以探得八九不離十，然後再猛地一塊大石頭投進去，即可大功告成。怕就怕那些城府很深的傢伙，十問九不答，老奸巨猾。這類人或心如古井，或冷眼觀人，激將法很難奏效，也容易被其輕易看穿。

愈好勝的人愈容易被激將，愈魯莽的人愈容易被激將，愈單純的人愈容易被激將。如果有人把這三者占盡，就是天生用來激將他人的極品。張飛就是這樣的極品，所以諸葛亮

最喜歡時不時地用激將來「利用」他一把。時常在遇到重要戰事時，先說他擔當不了，或說怕他貪杯酒後誤事，以激他立下軍令狀，增強他的責任感和緊迫感，激發他的鬥志和勇氣，掃除輕敵思想。

例如，當悍將馬超率兵攻打葭萌關時，蜀漢能與馬超匹敵的只有趙子龍和張飛。趙子龍領兵荊州一時回不來，於是張飛就成了擔當重任的不二人選。劉備想馬上遣張飛迎戰，卻被諸葛亮勸阻。

諸葛亮說：「主公先別說，讓我來激激他。」

這時，張飛聽說馬超前來犯，大叫而入主動請纓出戰。

諸葛亮並不理會，只是對劉備說：「馬超智勇雙全，無人可敵，除非往荊州喚雲長來，方能對敵。」

張飛聽了，勃然大怒：「軍師憑什麼小瞧我！我曾在當陽拒水斷橋，獨擋曹操百萬大軍，難道還怕馬超這個匹夫！」

諸葛亮說：「這是因為曹操不知道虛實，若知虛實，你怎能安然無事？馬超英勇無比，天下人都知道，他渭橋六戰，把曹操殺得割鬚棄袍，差一點喪了命，絕非等閒之輩，就是雲長來也未必戰勝他。」

張飛不服氣：「我今天就去，如戰勝不了馬超，甘當軍令！」

諸葛亮的目的達到了，便假裝順水推舟地說：「既然你肯立軍令狀，便可以為先鋒！」

後來，張飛與馬超在葭萌關下鬥了二百多個回合，難分伯仲。

明明張飛是不二人選，張飛也主動來請纓，但諸葛亮卻偏要繞個圈子，把張飛激一激，刺一刺，讓張飛更加賣力地打仗，順便還讓其主動立了軍令狀。這個方法要是移植在現代企業管理中，也有一番獨特的妙處。

猜忌心理很強的人，用激將法往往難以奏效。諸葛亮那麼善於用激將法，但在死對頭司馬懿身上完全無效。諸葛亮率兵和司馬懿戰於祁山，司馬懿中計被燒，退至渭北紮寨，堅守不出。諸葛亮用激將法想激他出戰，於是叫人送書信以及女人用的裙釵脂粉給司馬懿，書信上寫的大意是：司馬懿你是一個大將軍，應該披上戰袍拿著武器來和我們一決雌雄，要是畏縮在寨子裡，生怕刀槍傷到自己，和婦女有什麼不同呢？現在我派人送女人用的裙釵脂粉，你要是不出戰，就拜而受之，要是有點羞恥之心，有點男子氣概，就退回這些東西，我們約個時間決一死戰。

司馬懿看了來信，居然笑著說：「諸葛亮把我看成婦人了。」不但接受了女人用品，還重賞了來使。諸葛亮完全沒了轍。

除了猜忌心理很強的人不吃激將這一套，性格沉穩、大氣的人，也不會輕易上當。

是藥總有三分毒

激將法是一味虎狼之藥，與中醫之以毒攻毒有異曲同工之妙。下對人或是能對症，則能化腐朽為神奇，若不對症反而會將人推入更深的沼澤。對於某些自信全無的人，激將法

有時反倒會產生負作用，會引起他們「破罐子破摔」的做法：你說我沒用，我就是沒有用，怎麼樣？

「激將」雖然有時會取得難以料想的效果，但是絕不能濫用。一旦用錯，不但不能治病救人，反而會讓人覺得是落井下石，效果會適得其反。現代社會中，不會有太多透過「激將」來損人利己的機會。一般來說，激將是為了別人好。在為別人好的同時，用得不好可能會背離初衷。

例如有些家長，習慣拿自己孩子與別人的孩子相比，其實初衷是好的，想激起孩子的雄心，見賢思齊。結果比來比去，老是拿別人的優點和自己孩子的缺點相比。比多了，責罵多了，孩子不但沒有刻骨銘心，反而麻木了，墮入自慚形穢的境地。「激將」終究是一劑猛藥，是不可隨意輕用的。

可見，使用此法要適可而止。每個人承受外界環境的刺激或壓力都有一定的限度。在此限度內，給予刺激、壓力的強度和「內驅力」成正比，即人們常說的「愈激愈奮發」，壓力變動力，屬於有能力而沒勇氣完成的，那就激將；如果超過了這一限度，就會導致與期望相反的反應，強弩之末不能穿透一張白紙，不管你如何激將，他是死豬不怕滾水燙。既沒本事又沒勇氣，激將法其奈我何？ 如此看來，激將要用在合適的人身上。

激將不是激化矛盾，必須有好的動機和可以掌控的結果。淮陰無賴侮辱韓信膽小，揚言「要麼你殺了我，要麼你從我胯下鑽過去」。幸好他遇到的是韓信，若是遇到項羽、劉邦隨便哪一個，其命休矣。一流的激將術首先應該是善意

的，如果損人利己，終有暴露的一天。很多時候，激將之所以奏效，不是對方不明就裡，而是被施計人的激情和用心良苦所觸動。

對身邊最親近的人激將法有風險，對於不太親近的人激將法一樣也有風險。你說我不行？我行不行關你屁事！——人家就算口裡不說，心裡說不定也會這麼想。結果就產生了怨恨或衝突，何必呢？

激將作為偏門，只能在特殊的情景與場合下使用。諸葛亮當年從水鏡先生那裡順利出師，用的就是激將法，把水鏡先生罵得狗血淋頭。水鏡先生在氣急敗壞之下，忘了正在舉行的考試題目——無論用任何方法，只要得到老師的允許走出教室就可以出師，叫龐統、徐庶把諸葛亮趕出教室。

也許是因為有了這麼理想的開頭，諸葛亮玩激將似乎上癮了。可惜他那麼聰明，也沒想到「術法不可久耍」的道理。總是耍，難免被別人看穿，然後失靈。例如魏延，在一次諸葛亮對他的戰前激將中，無動於衷，硬是不接他的碴。諸葛亮有些惱怒，大概也是在那時候認定其「反骨」，動了殺機。而當大總管的諸葛亮有了這個想法，魏延遲早也是會被逼得造反的。

世事是以成敗論英雄的。不少人為了達到目的，不擇手段。就以「激將法」來說，成則是「運籌帷幄」的謀士，敗則是「搬弄是非」的小丑。因為毀譽只有一線之隔，在使用的時候一定要反覆推敲方法，絕不可魯莽行事。

小心被別人下藥

　　激將這帖藥，有善意的和惡意的。以前的戰場上，兩軍對壘時常出現惡意的激將。現在，惡意的激將集中在商場與職場的競爭對手之間。

　　在商場的談判中，激將是一件常見的武器。比如，身為談判團中的主談人，對方跟你談著談著，可能會說：「你到底是不是主談人啊，怎麼這也要向上面請示那也要等大家商量，你到底有沒有決定權？」甚至有時會直接乾脆地說：「我們要求與有決定權的人來談判。」這些貶低自己的話，對於一些定力不強的人來說，往往容易急於表現自己的決定權，而匆忙作出一些讓步。

　　還有更陰險的是，故意不太理睬主談人，卻和主談人的助手談得火熱。此來刺激主談人的表現欲。如果你是主談人，千萬要注意這些門道，小心中招。具體到談判這類商業交鋒中，想要不被激將綁住，一方面己方要努力戰勝自我，超越自我，不被對方的言辭所喜怒，始終以理性的眼光看待問題，以理性的大腦思考問題；另一方面要能掌握對方人性的弱點（虛榮心、叛逆心態等），以攻代守，努力採取控制對方情緒的措施，去左右對方。

　　有人處就有江湖，有人處就有殺戮。這話有點血淋淋，但卻是一句大實話。商場如戰場，職場若江湖，各種較量的手段層出不窮，若誰傻傻地沒有幾分防備之心，不被賣了才怪呢。職場上的競爭對手之間，也會出現激將戰術。我們不鼓勵、不贊成在職場競爭對手之間用激將的手段去損人利

己，但對於別人用這招來對付自己則需要警惕。

　　張冰和李鳴是同一批進公司的大學生。在公司裡做了三年，儘管做得比較出色，但職位都還沒有提升。有一次兩人閒聊，張冰提到了現任經理任人唯親的做法，心裡憤憤不平，並隨口說恨不得去老闆那裡告狀。李鳴聽了，也附和了一些對經理的不滿。對於告狀的事，李鳴輕描淡寫地說：「告狀？別鬧了，那是古代忠臣做的事，你哪有那種膽量。」張冰不服，脫口而出：「什麼膽量不膽量的，不就是一封 E-Mail 嗎，大不了輸了我重新找工作！」「重新找？你說得容易，現在的工作那麼容易找嗎？我妹妹大學畢業，找了半年也還沒著落。你又能找到什麼好的工作呢？」張冰偏不信邪，說我就要摸摸老虎屁股。李鳴說：「吹吧，不過吹完之後就算了，你這個人有多少膽量，我又不是不知道。」

　　結果呢，張冰真的告了狀，當然沒有起任何作用。不久後，張冰便覺察經理開始折磨自己。他知道一定是老闆出賣了他，於是張冰只好選擇辭職。張冰辭職後，發現工作不是那麼難找，但像原本公司待遇的工作卻很難找。而且，他慢慢地做著，才發現，原來每個公司都多少存在一點不公平的現象。而在張冰辭職後不久，李鳴就得到一個提升為專案主管的機會。張冰很久才從別人口中得知李鳴升遷的消息。有時他會想：如果沒有那次告狀事件，升遷的或許可能會是自己。還會想：越級告狀那麼不理智的事情，我當初怎麼就沒想到呢？難道是中了李鳴的激將法？不過仔細一想，好像李鳴也沒有激到自己，反而表現得很關心自己，就算有激將，應該也是無意的。但實際的情況，除了李鳴心裡知道，誰又

知道呢？

張冰想了幾次後，也沒有想通。但他也不打算再去想。「有什麼意義呢？都過去了，還是在以後的生活與工作中吸取教訓吧。」張冰在說這個故事時，這麼對筆者說。

曾國藩在論養生時，把懲忿與窒欲聯在一起，人不貪得，就不會受挫，也就無由產生忿怒。鬼谷子教人意中存想蛇的智慧。蛇能委婉屈伸，這叫做實意。意實則心安靜，心安靜則神明榮，神明榮則功成無間。如果我們在生活與工作中，遇到情緒波動嚴重的情形時，不妨一面存想蛇的形象，一面做深呼吸，讓自己心平氣和。人家惹我生氣，我偏不氣，就是諸葛亮再世，也沒有辦法。孔明以裙釵脂粉送去羞辱司馬懿，就是要他發怒。可是司馬懿老奸巨猾，偏不生氣。最後弄得諸葛亮自己沉不住氣，以致吐血而死。

當然，最佳的狀態是不需要別人激，而是自己激自己。頭懸梁、錐刺股都是自己找的。文王被囚，推演出《周易》；孔子被困於陳蔡之間，著有《春秋》；屈原被流放，寫有《離騷》；司馬遷遭腐刑，寫有《史記》。他們都沒有誰來激將。約翰·洛克菲勒就說：「每個人都是自己命運的設計師。」

人爭一口氣，佛爭一炷香。古往今來，為爭一口氣的人們總是不惜犧牲一切。明白了這個道理，你就會明白激將流行了千年，為什麼至今仍盛行不衰的原因。

第八章

幽默，無人能抗拒的魔力

口才再好，若是沒有幽默感，就好比一個園林裡樓亭閣榭，有山有水，有草有木，就是沒有花。沒有花的園林，布局再合理，也少了些靈氣與生動；沒有幽默的口才，說話再雄辯，同樣也少了些靈氣與生動。

　　美國政治家查理斯・愛迪生（發明家愛迪生之子）在競選州長時，不想利用父親的聲譽來提高自己。他在自我介紹時這樣說：「我不想讓人認為我是在利用愛迪生的名望。我寧願讓你們知道，我只不過是我父親早期實驗的結果之一。」

　　在人與人的交流溝通中，互動的齒輪有時會出現乾澀，這時，幽默是最理想的潤滑劑，它能使僵滯的人際關係活躍起來。此外，幽默還是緩衝裝置，可使一觸即發的緊張局勢頃刻間化為祥和；幽默又是一枚包裹了棉花的針，帶著溫柔的嘲諷，卻不傷人。

　　總之，幽默是縱橫口才的不可或缺的一員。

沒有車票不知道在哪裡下車

　　一天，馬克・吐溫（Mark Twain）搭火車外出。可是當查票員檢查車票時，馬克・吐溫翻遍了每個口袋，都沒有找到。

　　這個查票員認識他，就對馬克・吐溫說：「沒有什麼關係，如果真的找不到，就補一張吧。」

　　「補一張？說得輕鬆！」馬克・吐溫繼續尋找，「如果我找不到那張該死的車票，我怎麼知道我要到哪兒去呢！」

　　列車上查票找不到票，當事人儘管買了票也怕別人懷疑

自己故意逃票。在查票員面前急著找票，是很尷尬的。但馬克·吐溫的一席話，緩解了自己的尷尬。

誰沒有過尷尬的時候呢？面對尷尬，你如何化解呢？這時你一定要鎮定機智，千萬不能大亂陣腳，要利用自己的聰明才智說幾句幽默的話，幫你走出困境，解除窘相，樹立自信。

人人都喜歡有幽默感的人

馬克·吐溫曾經說：「讓我們努力生活，多給別人一些歡樂。這樣，我們死的時候，連殯儀館的人都會感到惋惜。」馬克·吐溫的話既有幽默感，又富有哲理。

有人說：笑是兩個人之間最短的距離。會心一笑，可以解除心與心之間的戒備；超然一笑，可以化解人與人之間的隔閡；開懷一笑，可以放鬆身心——這就是幽默談吐在人際交往中的巨大作用。一個具有幽默感的人，能時時發掘事情有趣的一面，並欣賞生活中輕鬆的一面，建立起自己獨特的風格和幽默的生活態度。這樣的人，容易讓人想去接近；這樣的人，使接近他的人也分享到輕鬆愉悅；這樣的人，更能增添人生的光彩，更能豐富我們生活的這個社會，使生活更具魅力，更富藝術。

法國作家小仲馬（Alexandre Dumas fils）有個朋友的劇本上演了，朋友邀小仲馬去觀看。小仲馬坐在最前面，總是回頭數：「一個，兩個，三個……。」

「你在做什麼？」朋友問。

「我在替你數打瞌睡的人。」小仲馬風趣地說。

後來，小仲馬的《茶花女》公演。他便邀朋友來看自己劇本的上演。這次，那個朋友也回過頭來找打瞌睡的人，好不容易終於也找到一個，說：「今晚也有人打瞌睡呀！」

小仲馬看了看打瞌睡的人，說：「你不認識這個人嗎？ 他是上一次看你的戲睡著的，至今還沒醒呢！」

小仲馬與朋友之間的幽默是建立在一種真誠的友誼之基礎之上的，丟掉虛假的客套更能增進朋友之間的友誼。可見，交朋友要以誠為本。朋友之間要以誠相待，互相關心，互相尊重，互相幫助，互相理解。愛人者人恆愛之；敬人者人恆敬之。關心別人，才會得到別人的關心；尊重別人，才會得到別人的尊重；幫助別人，才會得到別人的幫助；理解別人，才能得到別人的理解。

在家庭生活中，男人常常會因自己的妻子為趕時髦去購買時裝而產生煩惱，免不了一番發洩，但這往往會傷害夫妻情感。如果你是一個有修養的男子，面對這種窘境，即使是批評，也應採取一種幽默的方式，既消弭矛盾，又不傷感情，並給生活增添一份情趣。

妻子：「今年春天，不知又會流行什麼時裝？」

丈夫：「和往常一樣，只有兩種，一種是你不滿意的，另一種是我買不起的。」

這位丈夫的幽默，一般通情達理的妻子均能接受，兩個人此時都會為之一笑。

誰不喜歡富有幽默感的人呢？ 即便是沒有幽默感的人，

對於幽默的人大概也是欣賞與喜歡的吧？因為任何人的內心都喜歡陽光與歡樂，而具有幽默感的人，他們身上散發著陽光與歡樂的氣息。

人們已經厭倦了腥風血雨；已經厭倦了指桑罵槐；已經厭倦了人與人之間的指責與謾罵。現代生活中的幽默，也就是與人為善，它追求的是人際之間的和諧以及人的發展與完善。麥克阿瑟將軍，他在為兒子所寫的祈禱文中，除了求神賜他兒子「在軟弱時能自強不屈；在畏懼時能勇敢面對自己；在誠實的失敗中能夠堅毅不拔；在勝利時又能謙遜溫和」之外，還向上帝祈求了一樣特殊的禮物 —— 賜給他兒子「充分的幽默感」。可見，幽默是人生多麼值得擁有與追求的饋贈。

西方人對於幽默非常重視，但或許因為文化上的差異，幽默在臺灣並不太受到人們的重視。據某大學社會學系的一項調查顯示，我們的家庭成員在情感交流中，有六成的妻子認為丈夫少有幽默的情調，七成的丈夫認為妻子缺乏幽默感，而認為父母毫無幽默細胞的子女接近有九成！這一資料顯然應該引起我們的重視和警覺。

每逢時代踏進新階段時，幽默便會興旺起來。它對於生活中古舊的一切、虛妄的一切，宣告了它們末日的來臨。我們正在迎接這一時代！

活躍交談氣氛的絕招

與人初次見面時，若沒有一個善於說話的人，有時候場面會過於拘謹。如果有一個人說話幽默一點，能將氣氛活

躍，不僅交流會更順暢，而且有利於迅速增進友誼。

著名藝術家張大千與著名京劇藝術大師梅蘭芳彼此慕名已久，相互敬慕。在一次張大千舉行的送行宴會上，張大千向梅蘭芳敬酒，出其不意地說：

「梅先生，您是君子，我是小人，我先敬您一杯！」

眾人先是一愣，梅蘭芳也不解其意，忙問：「此語做何解釋？」

張大千朗聲答道：「您是君子 —— 動口；我是小人 —— 動手！」

張大千機智幽默，一語雙關，引來滿堂喝彩，梅蘭芳更是樂不可支，把酒一飲而盡。

大多數人都有廣交朋友的心，苦的是沒有行之有效的方法，如果我們能像張大千一樣，注意感受生活，勤於思考，有一天我們也會變得和他一樣幽默風趣，到那時候，對我們來說世界就不再是陌生的了，因為陌生人也會樂意成為我們的朋友。

在陌生的場合登臺，或在人多的場合演講，也是考驗一個人口才的時候。啟功先生是個幽默風趣的人，平時愛開玩笑，他當老師時，對新生們說的第一句話常常是：「本人是滿族，過去叫胡人，因此在下所講，全是胡言。」引起笑聲一片。他的老本家、著名作家、翻譯家胡愈之先生，也偶爾到大學客串講課，開場白就說：「我姓胡，雖然寫過一些書，但都是胡寫；出版過不少書，那是胡出；至於翻譯的外國書，更是胡翻。」幾句「胡話」，就將課堂氣氛炒熱、師生關係

拉近。

社交需要莊重，但長時間保持莊重氣氛就會使人精神緊張。寓莊於諧的交談方式比較自由也比較輕鬆，在許多場合都可以使用。美國人柯林斯（Michael Collins）是第一批登陸月球的太空人之一，有一次參加一個私人餐會。酒足飯飽之餘，大家起哄要求身為名人的他進行即席演說。柯林斯推卻不過，只得站起身來，高舉雙手讓大家安靜下來，隨即便開口問道：「我想提出一個老問題，究竟誰話比較多？是女人，還是男人？」

由於美國人有攜伴參加晚宴的禮節習慣，餐會中的賓客們，在柯林斯的問題提出來之後，所有人立刻分成兩派，兩邊的人數居然不相上下。認為男人話多的，清一色全都是女人；而認為女人話多的全數都是男人。

柯林斯滿意地看了看兩邊的男男女女，繼續他的話題：「根據社會行為學專家的研究證實，女人平均一天說大約兩萬八千個字；而男人一天當中，則說三萬三千個字。所以，按照科學的觀點來看，應該是男人比較長舌。」宴會中馬上傳出一片嘈雜的嗡嗡聲，女人們得意地向她們的男伴示威，而男性則對柯林斯發出不平之鳴。

柯林斯又再次揮了揮手，等眾人平靜下來之後，他繼續道：「這其中的問題是，每天當我在外面工作時，將配額內的三萬三千字大概用完了。下班回到家裡時，我太太的那兩萬八千個字，卻才剛要開始。」眾人隨著柯林斯的話沉寂了不到半秒鐘，馬上爆出一陣熱烈的掌聲及喝采。看來，似乎每

個人都對這樣的結果滿意到了極點。

此外，在交談中，不時穿插一些意想不到的、貌似荒謬而實則有意義的問題，是很好的一種活躍氣氛的形式。一群閨中密友聚會，唧唧喳喳，談到了找另一半的問題。劉妹妹問吳妹妹：「妳願意嫁給一個有錢但醜的富家子，還是嫁給一個很帥卻沒錢的帥哥？」這類問題其實沒多大的意義，但女人們似乎都喜歡探討。吳妹妹的回答很風趣：「我白天在富家子家生活，晚上到帥哥家住宿。」那些一本正經的人會給人古板、單調、乏味的感覺，也會把交談變得索然無味。也許會有人時常問你一些荒謬的問題，如果你直斥對方荒謬，或不屑一顧，不僅會破壞交談氣氛、人際關係，而且會被認為缺乏幽默感。

和朋友久別重逢後不免寒暄一番，你完全可以借此幽默一把。例如見到一個戴了帽子的朋友，你可以用羨慕的口氣對他說：「你真的是帽子向前，不比往年啊。」輕鬆幽默的高帽子，立刻使整個氣氛變得和諧。對方聽了，笑哈哈地把帽子反轉，你還可以跟進：「哎呀，這下是帽子向後，齊步快走！」帽子還變嗎？變左變右，總有話說。怎麼說？讀者你自己去想吧，四個字最後一個押韻，不難。

用幽默表達不滿

如果你在餐廳點了一杯啤酒，卻赫然發現啤酒中有一隻蒼蠅，你會怎麼辦？在你回答之前，讓我們看看別人是怎麼辦的。英國人會以紳士的態度吩咐侍者：「請換一杯啤酒，謝

謝！」西班牙人不去喝它，留下鈔票後不聲不響地離開餐廳。日本人令侍者去叫餐廳經理來訓斥一番：「你們就是這樣做生意的嗎？」沙烏地阿拉伯人則會把侍者叫來，把啤酒遞給他，然後說：「我請你喝杯啤酒。」德國人會拍下照片，並將蒼蠅委託權威機構做細菌化驗，以決定是否將餐廳主人告上法庭。美國人則會向侍者說：「以後請將啤酒和蒼蠅分別放置，由喜歡蒼蠅的客人自行將蒼蠅放進啤酒裡，你覺得怎麼樣？」美國人的這種處理方式既幽默，又能達到讓人接受的目的。

一位顧客在某餐廳用餐。他發現服務生送來的一盤雞居然缺了兩隻大腿。他馬上問道：「上帝！這隻雞連腿也沒有，怎麼會跑到這裡來呢？」

一位車技不好的男子，騎單車時見前面有個過馬路的人，連聲喊道：「別動！別動！」

那人停住了，但還是被騎車的男子撞倒了。

男子扶起不幸的人，連連道歉。那人卻幽默地說：「原來你剛才叫我別動是為了瞄準呀！」

幽默並不是回避、無視生活中出現的矛盾，而是以幽默的方式展示一種溫和的批評。設身處地地想想，在餐廳點的啤酒裡有蒼蠅、點的雞都是骨頭、走路無辜被騎車人撞倒，你還有心思開玩笑嗎？

這修養，不知要多少年的火候才能修練出來。由於有了幽默、灑脫的態度，生活中許多尖銳的矛盾，並不需要大動干戈就能得到解決。

男女朝夕相處，天天鍋碗瓢盆，始終舉案齊眉、相敬如

賓反而是一種不正常的現象，有人戲稱之為「冷暴力」。小吵小鬧有時反會拉近夫妻間的距離，同時也能使內心的不滿得以宣洩，如果再佐之以幽默、機智的調侃，無疑會使夫妻雙方得到一次心靈的淨化，確保了家庭生活的正常運作，請看下面這幾對夫妻的幽默故事。

駕車外出途中，一對夫妻吵了一架，誰都不願意先開口說話。最後丈夫望著不說話的妻子，指著遠處一頭驢子說：「妳不說話，難道和牠是親戚關係嗎？」妻子答道：「是的，夫妻關係。」

丈夫本來想把不會說話的驢子和不願說話的妻子扯在一起，既調侃了妻子，又打破沉默的氣氛。但想不到妻子更加厲害，一句妙語把丈夫的話擋了回去，玩了一個更大的幽默。這樣聰明幽默的夫妻，即使吵架也不會吵得打架上吊。

妻子臨睡前的絮絮叨叨總是令老王十分不快。一天夜裡，妻子又絮叨了一陣後，說：「家裡的門窗都關上了嗎？」老王回答：「老婆，除了你的話匣子外，該關的都關了。」

以上兩則故事中的夫妻幽默均恰到好處地表達了自己怨而不怒的情緒。有丈夫對妻子缺點的諷刺，但其幽默的答辯均不至於使對方惱羞成怒。如妻子用夫妻關係回敬丈夫也是一頭驢，丈夫用巧言指責妻子絮叨，這些幽默的話語聽起來自然天成，又詼諧有趣。這些矛盾同樣有可能發生在我們每一個家庭之中，有時卻往往因為兩三句出言不遜的氣話而使矛盾激化。

有風度地回擊敵意

　　做人要力避樹敵，但一個有才能的人是避免不了有或多或少的反對者。正所謂「木秀於林，風必摧之」。如何面對反對者充滿敵意的進攻？有一次，溫斯頓‧邱吉爾（Sir Winston Leonard Spencer-Churchill）的政治對手阿斯特夫人對他說：「溫斯頓，如果你是我丈夫，我會把毒藥放進你的咖啡裡。」

　　邱吉爾哈哈一笑之後，嚴肅而又認真地盯著對方的眼睛說：「夫人，如果我是你的丈夫，我就會毫不猶豫地把那杯咖啡喝下去。」

　　阿斯特夫人的進攻是如此咄咄逼人，邱吉爾若不回擊未免顯得自己軟弱，而回擊不慎卻可能導致一場毫無水準的「潑婦罵街」。邱吉爾畢竟是邱吉爾，一記順水推舟的幽默重拳，打得飛揚跋扈的阿斯特夫人滿地找牙卻無從回手！

　　民主黨候選人約翰‧亞當斯（John Adams）在競選美國總統時，遭到共和黨汙衊，說他曾派其競選夥伴平克尼將軍到英國去挑選四個美女做情婦，兩個給平克尼，兩個留給自己。約翰‧亞當斯聽後哈哈大笑，馬上回擊：「假如這是真的，那平克尼將軍肯定是瞞著我，全都獨吞了！」

　　約翰‧亞當斯最後當選，成為美國歷史上的第二任總統。亞當斯的勝利當然不應全歸功於幽默，但卻不能否認幽默魅力的功用。幾乎人人都有遭受冷箭傷害、謠言中傷的經歷。放冷箭、造謠言的成本極低，殺傷力卻極大。加上「好事不出門，壞事傳千里」的傳播學原理，一旦處理不當，便會對被詆毀者造成極大的不利局面。試想一下，如果亞當斯聽到

攻擊之後氣急敗壞、暴跳如雷、臉紅脖子粗，或辱罵共和黨的卑鄙中傷，或對天發誓：「若有此等醜聞，天打雷劈！」這樣地抓狂，不僅有失一個總統候選人的風度與理智，也有可能陷入無聊無趣又無休止的辯論泥潭之中──何況真理是愈辯愈明還是愈描愈「黑」都有待商榷。

在冷箭的包圍中、謠言的漩渦裡，如何從容脫身，實在是一門大學問。置身此類局面下的人，不妨運用幽默的武器，以四兩撥千斤的姿態，或許可以瀟灑地把對方打得四腳朝天。

值得注意的是，幽默的用心是愛，而不是恨。林語堂先生說過：幽默之同情，這是幽默與嘲諷之所以不同，而尤其是我熱心提倡幽默而不很熱心提倡嘲諷之緣故。幽默絕不是板起臉孔來專門挑剔人家，專門說俏皮、奚落、挖苦、刻薄人的話。而且我敢說幽默是厭惡此種刻薄諷刺的架子。

延伸閱讀

　　有一次，詩人馬雅可夫斯基在大會上演講，他的演講尖銳、幽默，鋒芒畢露，妙趣橫生。忽然有人喊道：「您講的笑話我不懂！」「您莫非是長頸鹿！」馬雅可夫斯基感嘆道，「只有長頸鹿才可能星期一浸溼的腳，到星期六才能感覺到呢！」

　　「我應該提醒你，馬雅可夫斯基，」一個矮胖子擠到主席臺上嚷道，「拿破崙有一句名言：『從偉大到可笑，只有一步之差！』」「沒錯，從偉大到可笑，只有一步之差。」馬雅可夫斯基邊說邊用手指著自己和那個人。

　　馬雅可夫斯基接著開始回答臺下遞來的紙條上的問題：

　　「馬雅可夫斯基，您今天晚上賺了多少錢？」「這與您有何

相關？您反正是分文不出的，我還不打算與任何人分哪！」

「您的詩太駭人聽聞了，這些詩是短命的，明天就會完蛋，您本人也會被忘卻，您不會成為不朽的人。」「請您過一千年再來，到那時我們再談吧！」

「您說應該把沾滿『塵土』的傳統和習慣從自己身上洗掉，那麼您既然需要洗臉，這就是說，您也是骯髒的了。」「那麼您不洗臉，您就自以為是乾淨的嗎？」

「馬雅可夫斯基，您為什麼手上戴戒指？這很不合適您。」「照您說，我不應該戴在手上，而應該戴在鼻子上囉！」

「馬雅可夫斯基，您的詩不能讓人沸騰，不能讓人燃燒，不能感染人。」「我的詩不是大海，不是火爐，不是鼠疫。」

馬雅可夫斯基在別人的攻擊與詆毀之下，絲毫不亂陣腳，舉起幽默的寶劍把那些來自四面八方的冷箭乾淨俐落地斬斷。

這就是幽默的力量。它能讓一個人面對謾罵、詆毀與侮辱時，毫髮不損地保全自己。

我們什麼時候看過富有幽默感的人在交流或論辯中被動過？即使是身處完全不講理的險惡境地，他們也能以自己高超的幽默騰挪閃打、游刃有餘。

輕鬆寫意地應對尷尬

有一位身材矮小的男教師走上講臺時，學生們有的面帶嘲諷，有的交頭接耳暗中取笑。

這位老師掃視了一下大家，然後風趣地說：「上帝對我說：『現今人們沒有計劃，在身高上盲目發展，這將有嚴重後果。我警告無效，你先去人間做個示範吧。』」

學生們哄然一笑，然後鴉雀無聲。很顯然，他們都被老師的幽默智慧所折服，忘記了他身材的缺陷。

　　幽默是社交之中的潤滑劑，能使難解的麻紗順暢解開，還能使激化的矛盾變得緩和，從而避免出現令人難堪的場面，化解雙方的對立情緒，使問題更好地解決。

　　有一位女歌手舉辦個人演唱會，事前舉辦方做了大量的宣傳，但到了演出的那天晚上，到場的觀眾不到一半。女歌手沒有面露失望的情緒，她鎮定地走向觀眾，拿起麥克風，面帶微笑地說道：「我發現這裡的經濟發展迅速，大家手裡都很有錢，今天到場的觀眾朋友每人都買了兩三張票。」全場爆發出了熱烈的掌聲。第二天的許多媒體娛樂版的報導，也紛紛為這位歌手的豔姿和幽默叫好，為原本陷入尷尬的女歌手樹立了良好的形象。

　　這位歌手在演唱會上，面對過低的售票率，心裡沒有遺憾與痛楚是不可能的。心裡不舒服，但又必須戰勝這種不舒服，以陽光的姿態去把最好的自己獻給買票進場的觀眾，怎麼辦？唯有借助幽默。幽默是有文化涵養的表現，是痛苦和歡樂交叉點上的產物。一個人不經歷痛苦、辛酸，便不懂得幽默。而假如他沒有充足的自信和希望，也不會幽默，他的痛苦與辛酸也就白費了。

　　無獨有偶。一位著名的歌手參加一個大型的露天晚會。她在走上舞臺時，不慎踢到臺階突然摔倒。面對這種情況，如果什麼也不說就起來，會給全場觀眾留下不好的印象，但她急中生智，說道：「看來這個舞臺不是一般人都能來的，門

檻真高呀！」大家都笑了，她更是保持了自己的風度，巧妙
地借幽默擺脫了尷尬。

在總統競選大會上，西奧多・羅斯福（Theodore Roos-
evelt）演說完後，輪到回答聽眾提問的時間了，由他身邊的
一個主持人幫他唸觀眾遞上來的紙條。在回答了幾個選民們
關心的問題後，照本宣科的職業習慣讓主持人將一張紙條上
寫的兩個字原原本本地大聲唸出：「笨蛋！」

主持人的話剛落，連他自己也傻眼了，臺下的反對派開
始大聲起哄。

「親愛的同胞們！」羅斯福鎮靜地說：「我經常收到人們
忘記署名的信，但現在我生平第一次接到一封只有署名，但
沒有內容的信！」

羅斯福明知是反對派在搞鬼，用這種無聊的方式謾罵自
己。但他並不正面去斥責這種行為，而是用幽默的手法，輕
巧地將「笨蛋」的帽子還給了對手，從容地化解了尷尬，控
制住局勢。

人是情感動物，都有著一方自己的情感天地，可是這塊
天地沒有「籬笆」，經常有外物闖入，恣意踐踏，讓情感受
到傷害、自尊受到打擊。尤其是人的薄弱環節，如缺點、毛
病、難堪等，經常受到別人的侵害、笑話。臉皮薄的人內心
就會受到很大的打擊，對生活失去信心，但有的人卻能應付
自如。面對對方的詰難，自己吹著喇叭，自己擂鼓，把自己
誇耀一番，巧妙地度過難關。這有時不免有點滑稽，因為現
實情況與其所吹噓的反差太強烈，明眼人一下就能看穿，但

是，幽默似乎就在其間產生了。

　　薩馬林陪著斯圖帕科夫大公去圍獵，閒談之中薩馬林吹噓自己說：「我小時候也練過騎馬射箭。」

　　大公要他射幾箭看看，薩馬林再三推辭不肯射，可大公非要看看他射箭的本領。實在沒辦法，薩馬林只好張弓搭箭。

　　他瞄準一隻麋鹿，第一箭沒有射中，便說：「羅曼諾夫親王就是這樣射的。」

　　他再射第二箭，又沒有射中，說：「驃騎兵將軍也是這樣射的。」

　　第三箭，他射中了，他自豪地說：「瞧瞧，這才是我薩馬林的箭法。」

　　薩馬林本不善射箭，無意中吹噓了一下，不料卻被大公抓住把柄，非要看他出醜不可。好在薩馬林急中生智，把射歪的箭都推到別人身上，彷彿自己失手是為了作個示範似的，終於射中一箭，才攬到自己身上，並再次誇耀一番。靠幽默的幫助，他總算沒有當場出洋相。而斯圖帕科夫大公也一定知道這傢伙在吹牛，但有這麼有趣的幽默襯底，誰會去計較那些無傷大雅的事情呢，開懷一笑多好。

延伸閱讀

　　威爾遜（James Harold Wilson）是英國的前首相。有一天，威爾遜在一個廣場上舉行公開演說。當時廣場上聚集了數千人，突然從聽眾中扔出一個雞蛋，正好打中他的臉，安檢人員馬上下去搜尋鬧事者，結果發現扔雞蛋的是一個小孩。威爾遜得知之後，先指示下屬放走小孩，同時叫助手記錄下小孩的

名字、家裡的電話與住址。

　　臺下聽眾猜想威爾遜可能要處罰小孩子，開始有些騷動起來。這時威爾遜對大家說：「我的人生哲學是要在對方的錯誤中，去發現我的責任。剛才那位小朋友用雞蛋打我，這種行為是很不禮貌的。雖然他的行為不對，但是身為一國首相，我有責任為國家儲備人才。那位小朋友從下面那麼遠的地方，能夠將雞蛋扔得這麼準，證明他可能是一個很好的人才，所以我要將他的名字記下來，以便讓體育大臣注意栽培他，將來也許能成為棒球選手，為國效力。」威爾遜的一席話，把聽眾都逗樂了，演說的氣氛頓時變得輕鬆融洽。

沒有幽默細胞怎麼辦

　　幽默有時讓人感到神祕。有人想學，卻無法學會；有人沒怎麼學，卻脫口而出。於是，有些不夠幽默的人便認為：我不幽默，是因為我沒有幽默細胞。幽默細胞是什麼呢？毫無疑問，用高倍顯微鏡來進行物理觀察，我們是無法看到一種叫「幽默」細胞的。這也許能成為幽默非天生的一個論據。下面筆者用人文的視角來分析幽默的構成。

　　只要我們留心那些幽默感十足的人，就會發現他們的心理素養一般都優於常人，而良好的心理素養也不是天生的，需要後天的鍛鍊和培養。以幽默口才的素養和需求來說，首先需要有自信這項心理素養。一個常常為自己的職業、容貌、服飾、年齡等因素而惴惴不安、自慚形穢的人，怎麼在適當的場合進行優雅的表演？

安徒生很儉樸，常戴個老式的帽子在街上行走。有個路人嘲笑他：「你腦袋上面的那個玩意兒是什麼？能算是帽子嗎？」安徒生乾淨俐落地回敬：「你帽子下面的那個玩意兒是什麼？能算是腦袋嗎？」沒有高度的自信，安徒生恐怕早就在他人的取笑中感到困窘，或者勃然大怒，哪能靈光一現，作一個絕妙的反擊？

其次，冷靜也是幽默高手的一項心理特質。冷靜，是讓人們的智慧保持高效和再生的條件，因為只有在頭腦冷靜的情況下，人們才能迅速確認並抑制引起消極心理的有關因素，同時確認和激發引起積極心理的有關因素。英國首相威爾遜在一次群眾大會上演講時，反對者在下面鼓噪，其中一人高聲大罵：「狗屎、垃圾！」面對聽眾可能產生的誤解和騷動，威爾遜首相沉穩地報以寬厚的微笑，非常嚴肅地舉起雙手表示贊同，說：「這位先生說得好，我們一會兒就要討論你非常感興趣的髒亂問題了。」搗亂分子頓時啞口無言，聽眾則報以熱烈的掌聲。

再者，樂觀是幽默高手具有的另一個重要特質。俄國著名寓言作家克雷洛夫早年生活窮困。他住的是租來的房子，房東要他在房契上寫明，一旦失火，房子燒了，他就要賠償一萬五千盧布。克雷洛夫看了租約，不動聲色地在一萬五千後面加了一個零。房東高興死了：「什麼，十五萬盧布？」「是啊！反正都是賠不起。」克雷洛夫大笑。幽默感的內在構成，是悲感和樂感。悲感，是幽默者的現實感，就是對不協調的現實的正視。樂觀，是幽默者對現實的超越感，是一種樂天感。沒有幽默感的人不會積極地看待這個世界，不會樂觀地

看待自己的生活。當然樂觀不是盲目的，而是有所依附，是一種透澈之後的豁達。樂觀地看待你的生活，幽默自然而生。

　　良好的心理素養是幽默的根基，幽默的主幹是廣博的知識。幽默的思維經常是聯想性與跳躍性很強，如果不具備廣博的知識來支持，你的思維跳來跳去也只是那麼大的一塊地方。因此，提高自己的幽默水準，需要不斷地拓展知識門類和視野，提高對事物的認知能力。

　　有了根基與主幹後，幽默要開花結果，還需要一些具體的枝枝葉葉。也就是說，究竟哪些話容易形成幽默，帶給人笑聲呢？

　　首先，奇特的話使人開心而笑。幽默最簡單的表現方法就是令人驚奇地發笑。康德所講的「從緊張的期待突然轉化為虛無」，就是基於幽默的結構常常能造成使人出乎意外的奇因異果。例如，爸爸對兒子說：「牛頓坐在蘋果樹下，忽然有一個蘋果落下，掉在他的頭上，於是，他發現了萬有引力定律。牛頓是個科學家！」「可是，爸爸，」兒子從書堆中站了起來，「如果牛頓也像我們這樣放學了還整天坐在家裡埋頭看書，會有蘋果掉在他頭上嗎？」本來爸爸是講牛頓受蘋果落地的啟示，但兒子卻冷不防冒出一句含有不應該埋頭讀書的結論，真是出乎意外，超出常理。兒子的話在邏輯上是不合常理的，但這樣的話新奇怪異，使人大大出乎意料，所以能引起別人的笑。相信故事中的爸爸在笑過之後，對於自己的教育方式會有所反思。

　　幽默就是要能想人之未想，才能出奇致笑。有人說：「第

一個把女人比喻成花的是智者，第二個把女人比喻成花的是傻瓜。」這句話似乎有點偏激，但新奇、異常的確是幽默構成的一個重要因素。

其次，巧妙的話使人會心而笑。運用幽默的核心應該是有使人讚嘆不已的巧思妙想，從而產生令人欣賞的歡笑。俗話說：「無巧不成書。」巧可以是客觀事實上的巧合，但更多的是主觀構思上的巧妙。巧是事物之間的某種連繫，沒有連繫就談不上巧。如果能在別人沒有想到的方面發現或建立某種連繫，並順乎一定的情理，就不能不令人賞心悅目。

比如，某學生的英語發音老是不準，老師批評他說：「你是怎麼搞的，你怎麼一點都沒進步呢？我在你這個年紀時，已經讀得相當準了。」學生回答：「老師，我想原因一定是您的老師比我的老師讀得好。」

再者，荒誕的話使人會心而笑。幽默的內容往往含有使人忍俊不禁的荒唐言行，從而使人情不自禁地發笑。俗話說：「理不歪，笑不來。」荒謬的東西是人們認為明顯不應該存在的東西，然而它居然展現在我們面前，不能不激起我們心靈的震盪、發笑。張三的女兒週歲那天，有上門祝賀的朋友開玩笑說女兒長大了給他兒子當老婆，兩家結成兒女親家算了。指腹為婚在新時代當然已經只是一種玩笑而已，不得當真，張三答應也無傷大雅，粗暴拒絕則有看不起對方之嫌。但張三居然巧妙地拒絕了，他說：「不行不行，我女兒才一歲，你兒子就兩歲了，整整大了一倍，將來我女兒二十歲，你兒子就四十歲了，我幹嘛要找個老女婿！」

　　風平浪靜的水面，投進一塊石頭，就會一下子發出響聲。常規思維的心理，被超常的資訊攪擾，也會引起心波蕩漾、心潮起伏、心花怒放。奇異、巧妙、荒謬就是這種超常的資訊，就是幽默之所以致笑的要因，也是我們學會幽默應掌握的要訣。

　　說來說去，幽默其實和人的氣質培養類似，而幽默本身也是一種獨特的性情氣質。如果你知道一個人良好的氣質該如何培養，也應該聯想到一個人高超的幽默感是如何擁有的。

　　幽默是最理想的潤滑劑，它能使僵滯的人際關係活躍起來。此外，幽默還是緩衝裝置，可使一觸即發的緊張局勢頃刻間化為祥和；幽默又是一枚包裹了棉花的針，帶著溫柔的嘲諷，卻不傷人。

第九章

自嘲，自廢武功也能出奇制勝

如果說幽默是人頭頂上的王冠，那麼自嘲就是王冠上鑲嵌的明珠。

自嘲也叫自我解嘲，顧名思義就是自己嘲諷自己，自己調侃自己，是主動用針紮破自身氣鼓鼓的情緒氣球．我們每個人都難免遇到一些難堪的、痛苦的事，如果不知道怎樣調節情緒，沉著應對，就容易陷入窘迫的境地，進而讓情緒失控而方寸大亂，這時，如果採取恰當的自嘲，不但能讓自己在心理上得到安慰，同時還能讓別人對你有一個新的認識。

美國一位身材肥胖的女士曾經這樣自我解嘲：「有一次我穿上白色的泳裝在大海裡游泳，結果引來了俄羅斯的轟炸機，以為發現了英國的軍艦。」引起聽眾哈哈大笑，這種自揭其短、自廢武功的話語，使得大家根本就不會認為她的胖是醜，都將注意力集中在她的風趣上，結果，肥胖不再是她的劣勢，反而成為她的特點，使她在社交中游刃有餘。

自嘲是一個人心境平和的表現。它能製造寬鬆和諧的交談氣氛，能使自己活得輕鬆灑脫，使人感到你的可愛和人情味，進而改變對你的看法。

蔡元培的答謝辭

蔡元培先生在他七十歲生日那天，上海各界人士匯聚國際飯店為他設宴祝壽。

在致答謝辭時，蔡元培風趣灑脫地說：「諸位來為我祝壽，總不外乎要我多做幾年事。我活到了七十歲，就覺得過去六十九年都做錯了。要我再活幾年，無非要我再做幾年錯

事咧。」

來賓聽了，哄堂大笑，整個宴會上飄浮著快活的空氣。

試想，如果他擺出一副嚴肅相，一本正經地致答謝辭，不見得能造成這樣輕鬆愉悅的氣氛。

人不自嘲非君子

君子處世要有大氣。所謂大氣，就是豁達，就是捨得。不斤斤計較、不過分認真，多想自己的缺點和無能，捨得拿自己尋開心。

「二戰」期間，美、英、蘇三國首腦在德黑蘭會談，氣氛非常緊張。邱吉爾是個不拘小節的人。一天開會時，赫魯雪夫注意到英國外交大臣艾登悄悄遞給邱吉爾一張紙條，邱吉爾匆匆一瞥，神祕地說：「老鷹不會飛出窩的！」並當下將紙條放在煙斗上燒了。多年後，赫魯雪夫訪問英國時，好奇地問起艾登當時究竟寫了什麼，艾登哈哈大笑，「我當時寫的紙條說：你的褲襠鈕扣沒扣。」

在日常生活中，難免會有失禮或難堪的時候，如不知怎麼調節情緒，沉著應付，就會陷入窘迫的境地。這時，如採取適當的「自嘲」方法，不但能使自己在心理上得到安慰，而且還能使別人對你有一個新的認識。

魯迅先生生前飽受迫害，他在〈自嘲〉詩中寫道：「運交華蓋欲何求，未敢翻身已碰頭。」這既是對自己遭遇的詼諧寫真，也是投給反動派的標槍。香港有個演員太胖，面對這

種「自然災害」，她不是挖空心思地去減肥，而是任其自然，把精力用在事業上，甚至給自己取藝名為「肥肥」，結果她以自己的才華贏得了觀眾的認可。

自嘲，貌似糊塗，實則是人生深厚精神底蘊的外在折射。它產生於對人生哲理高度的深刻體察，是既看到自己的不足，又看到自己長處後的一種自信。自嘲，是最為深刻的自我反省，而且是自我反省後精神的超越，顯示著靈魂的自由與瀟灑。自嘲，標誌著一定的精神境界。自嘲，也是緩解心理緊張的良藥，它是站在人生之外看人生。自嘲又是一種深刻的平等意識，其基礎是，自己也如他人一樣，有可以嘲笑的地方。自嘲，還是保持心理平衡的良方，當處於孤立無援或無人能助時，自嘲可以幫自己從精神枷鎖中解救出來。

能自嘲的人，起碼心胸不會狹窄，提得起，放得下，以一種平常恬靜的心態去品味與珍藏生活中的酸甜苦辣，去參透與超越人世間的利祿功名，從而獲得瀟灑充實的人生。

在大家一片哄笑中，他為自己解了圍。在幽默的領域裡笑自己是一條不成文的法則，你幽默的目標必須時刻對準你自己。這時，你可以笑自己的觀念、遭遇、缺點乃至失誤，也可以笑自己狼狽的處境。每一個邁進政界的人都得有隨時挨「打」的心理準備，如果缺乏笑自己的能力，那麼他最好還是去做其他的事情。

把自己作為笑的目標，以此來溝通資訊、表達看法是最令人折服、最能獲得信賴的。你以取笑自己來和他人一起笑，這能夠讓他人喜歡你、尊敬你，甚至欽佩你，因為你用

你的幽默向他人展現了你善良大方的品格。

美國有一位傳奇式的教練，名叫佩邁爾。他帶領的籃球隊曾獲得三十九次國內比賽冠軍。他的球隊在蟬聯二十九次冠軍後，遭到空前慘敗。比賽一結束，記者們蜂擁而至，把他圍個水泄不通，問這位敗軍之將有何感想。他微笑著，不無幽默地說：

「太棒了，現在我們可以輕裝上陣，全力以赴地爭奪冠軍，背上再也沒有冠軍的包袱了。」　佩邁爾面對失敗，沒有灰心，將哀聲化為笑聲，將笑聲化為力量，這是多麼令人欽羨的人生境界啊！

我們發現，凡是善於自嘲的人，多是待人寬厚、與人為善的。他們不會處處與人為難，時時跟他人過不去，更不會無事生非。但是，他們絕不是窩囊廢，他們會以他們獨有的寬容方式來做出反應，也許帶一點嘲諷，當然更少不了自嘲。這樣的人往往具有君子之風度。

一條不成文的法律

當你想說笑話、講講小故事，或者造一句妙語、一則趣談時，最安全的標的就是你自己。如果你笑的是自己，誰會不高興？

有一條不成文的法律說，能笑自己的人有權開別人的玩笑。所以，幽默大師都是先拿自己尋開心的。美國的赫伯（Herb True），在《幽默的人生》一書中把自我解嘲列為最高層次的幽默。特魯是研究幽默的大師，他就主張要多以自己

為幽默對象，按照他的說法是「笑話自己」。一個演員曾經這樣說：「我是一個謙遜的人，因為我擁有許多讓自己謙遜的事。」一正一反，令聽的人不禁莞爾。

運用這種方法，在生活中的各種場合，我們都可以發現笑料，引出笑聲，為人們解除愁悶和緊張。長此以後，你就能獲得一種幽默智慧，能夠承受各種既成事實，更有信心去努力改善現狀，也能夠增加自己的親和力。

威廉對公司董事長頗為反感，他在一次公司職員聚會上，突然問董事長：「先生，你剛才那麼得意，是不是因為當了公司董事長？」

這位董事長立刻回答說：「是的，我得意是因為我當了董事長，這樣就可以實現從前的夢想，和董事長夫人同床共枕。」

董事長敏捷地接過威廉取笑自己的目的，讓它對準自己，於是他獲得了一片笑聲，連發難的人也忍不住笑了。

幽默一直被人們認為是只有聰明人才能駕馭的藝術，而自嘲又被認為是幽默的最高境界。由此可見，能自嘲的人必定是智者中的智者，高手中的高手。自嘲就是要拿自身的失誤、不足甚至生理缺陷來「尋開心」，對醜處不予遮掩，反而把它放大、誇張、剖析，然後巧妙地引申發揮、自圓其說，博得一笑。一個人如果沒有豁達、樂觀、超脫、調侃的心態和胸懷，是無法做到自嘲的。自以為是、斤斤計較、尖酸刻薄的人更是難以望其項背。

李老師去上課，他剛推開虛掩著的門，門上掉下一支掃

帚正好打在他身上。面對學生的惡作劇，李教師並未火冒三
丈，而是俯身撿起掃帚，輕輕拍了拍衣服，然後笑著對大家
說：「看來我的工作問題不少，連不會說話的掃帚也向我表達
不滿了。雖然這不一定是最好的表達方式，但對我敲打一下
也未必不是好事。只是希望今後還是當面多提意見比較好，
我一定會虛心接受的。」李老師豁達大度的自嘲，既幫助自
己擺脫了窘境，緩和了課堂的緊張氣氛，又和諧了師生關
係，為惡作劇的學生創造了一個自我教育的機會。

　　自嘲不傷害任何人，因而最為安全。你可用它來活躍氣
氛，消除緊張；在尷尬中自找臺階，保住面子；在公共場合
表現得更有人情味。總之，在社交場合中，自嘲是不可多得
的靈丹妙藥，別的招不靈時，不妨拿自己來尋開心，至少自
己罵自己是安全的，除非你指桑罵槐，一般都不會討人厭，
智者的金科玉律便是：不論你想笑別人怎樣，先笑你自己。

　　人的一生，很難一帆風順，事事順意。面對各種缺陷和
不快，自卑和唉聲嘆氣固然於事無補，一味遮掩辯解又會適
得其反，最佳的選擇恐怕就是幽默的自嘲了。

給自己找臺階下

　　在人際關係有點複雜的今天，想處理好它可不容易。一
旦陷入尷尬境地，那麼多人盯著你，不妨自我嘲解一下，既
給自己找個臺階下，又能巧妙地緩和氣氛。

　　有一位員工因為連夜加班，上班時間居然趴在桌上睡著
了。光睡著了還沒關係，問題是他還打呼了起來。光打呼還

沒關係，問題是他的鼾聲居然把隔壁房間裡的老闆都驚動了。老闆走來，敲了敲桌子，把他叫醒。「你打呼太大聲了！」老闆意味深長地說。這個員工一時頗不好意思，不過他立即接話說：「要不是怕驚動你，我還可以打得更大聲。」

老闆笑笑，也沒多說，走了。人在尷尬的時候，不要太寄望於別人幫自己找臺階下。臺階還得自己找才靠得住，就像你要睡覺了，別人幫你在頭下面塞枕頭的事，人一輩子能遇到幾次？

所以，要吃自己的飯，滴自己的汗，自己的臺階自己下！

二〇〇七年，臺灣著名作家林清玄應邀到河北金融學院做演講。會場上座無虛席，連走道上都擠滿了人，大家都想一睹林清玄先生的風采。可是，當林清玄一出現，全場一片譁然。原來，以寫美文揚名的他，身材矮小還有點禿頭，有一個女生看後甚至失望地說：「林清玄怎麼長這樣啊！」林清玄毫不介意，微笑著走上了講臺。可是他在講臺旁坐下後，因為個子矮連人影也看不見了。正當大家驚詫之際，林清玄站了起來，說：「這桌子有點高喔！」全場觀眾不禁哈哈大笑起來。林清玄接著說：「為了讓大家近距離看清我『英俊帥氣』的容貌，我就站到講臺下，接受同學們雪亮目光的『洗禮』吧！」就這樣，他用自嘲的風趣，一下子就獲得了同學們的好感。

有時，一個人陷入難堪是由於自身難以控制的客觀原因造成的，如外貌的缺陷、家鄉口音濃厚等，自信的人較能好

好地維護自尊，自卑的人往往陷入難堪。對影響自身形象的種種不足之處大膽巧妙地加以自嘲，能出人意料地展示你的自信，在迅速擺脫窘境的同時顯示你瀟灑不羈的口才魅力。如一個長得太矮的人，可以仰頭問問身邊的人「上面的空氣好不好」，禿頭可以說自己是「秀髮去無蹤，頭屑更出眾。」

林肯的一生可謂輝煌，做了很多大事業，征服了很多對手。但他就是拿他的老婆沒轍。他的老婆很潑辣，喜歡粗口罵人。有一天，一個送報的小孩因為不認識路而遲到了，遭到林肯太太的百般辱罵。小孩向報社老闆哭訴，說她不該罵人過甚，堅決表示以後他再不去那家送報了。於是老闆找了一個機會，向林肯提起這件小事。

林肯聽了，說：「算了吧！我都忍受她十幾年了，這小孩才偶然挨罵一次，算什麼？」這是林肯的自我解嘲。

自古美女配英雄的事情很多，但悍婦嫁豪傑之事也不鮮見。和林肯一樣鬱悶的人，有古希臘哲學家蘇格拉底。這個哲學家智慧超凡、口才了得，可就是不能說服妻子。他的妻子珊蒂柏常作河東獅吼。有一天其妻吵鬧不休，蘇格拉底忍無可忍，只好出門。剛走到門口，他妻子從樓上倒一盆水下來，正好澆在他的頭上。樓下的鄰居都在看笑話啦，這下可真的是倒楣透頂了。男人在家跪洗衣板十年都無所謂，在街坊鄰居面前丟一分鐘臉可就丟大了。還好蘇格拉底很聰明，他高聲地說：「我早就料到，打雷之後必有暴雨。」真不愧這位哲學家雍容自若的態度，才使得他的形象沒有受到多大損壞。

　　人際交往中，在人前蒙羞，處境尷尬時，用自嘲來對付窘境，不僅能很容易找到臺階，而且多會產生幽默的效果。所以自我解嘲，自己把自己搔癢幾下，自己先笑起來，是很高明的一種脫身手段。

　　古代有位姓石的舉人，有一次騎高頭大馬過鬧市，不慎摔在地上。一大圈圍觀的人。這位石舉人不慌不忙地站起來說：「虧我是石舉人，要是瓦的，還不摔成碎片？」一句妙語，說得在場的人哈哈大笑，自然這石舉人也在笑聲中免去了難堪。

　　這位石舉人的糗事，經他這麼自嘲，相信在人們樂於進行他人糗事的傳播之中，會更願意提及他的機智如何，而不是描繪他是多麼狼狽。所以，自嘲不僅可以緩解或消除當時的難堪，還可以讓事件在傳播過程中不丟自己的醜，為自己的形象加分。我們現在談起他們這些自嘲高手，都是帶著欣賞的眼光，不是嗎？

　　特魯在《幽默的人生》一書中把自我解嘲列為最高層次的幽默。如果你能結合具體的社交場合和語言環境，把自己的難堪巧妙地融入話題並引出富有教育啟迪意義的道理，則更是妙不可言。如某老師有外國腔調，說不好國語，有一次上國文課，講到某一問題要舉例說明時，把「我有四個比方」說成了「我有四個屁放」，一時教室像炸開的鍋，學生笑得不可收拾。老師靈機一動，吟出一首打油詩：「四個屁放，大出洋相，各位同學，莫學我樣，早日練好普通話，年輕瀟灑又漂亮。」老師的機智幽默贏得了學生的熱烈掌聲。

網路上的自嘲高手

有段時間，很多 BBS 上出現了這樣的貼文：〈假如你死了，打算在自己的墓誌銘上寫什麼字〉。一時間，鄉民們紛紛跟上。下面，是筆者蒐集整理的若干精彩的文章。

1. 終於解決了居住問題！
2. 一居室，求合租，面議。
3. 我覺得我還可以搶救一下！
4. 我以前是個胖子，現在和所有躺著的人一樣有骨感！
5. 廣告位出租。
6. 發布違規資訊，永久封殺！
7. 終於不用再怕鬼了！
8. 小事招魂，大事挖墳。
9. 謝謝來訪，改日登門道謝！
10. 走開點，別擋住了我的陽光。
11. 牧師，幫我復活一下下，謝謝，座標××（網遊篇）。
12. 你笑一個，要不……我給你笑一個？
13. 心理諮詢，提供夜間上門服務。
14. 你就是數到一百下，我也不再起來（拳擊手）。
15. 從此謝幕，退居幕後（演員）。
16. 抗辯無效（律師）。
17. 這是我挖的最後一個坑（警告 BBS 上的挖坑者）。

生活是沉重的，房價不想讓它漲它偏偏不停地漲，體重想要它跌它偏偏一點也不跌，好在他們終於在另一個世界完成了夢想。有的人死了很高興，因為他再也不怕鬼了；有的

人死了卻不甘心，成了灰還認為自己有搶救的價值和復活的可能。有的人死了終於想起晒太陽的悠然自得，有的人死了還念念不忘做生意、拉業務。拳擊手告別了擂臺，不再需要去決鬥；律師是一個抗辯勇士，但這次抗辯注定無效。至於那個喜歡在 BBS 裡挖坑的人，終於嘗到了什麼叫「挖坑埋自己」的滋味……。

　　人生總有痛苦，上帝總是很忙，他無法在每一個痛苦的沼澤都背我們走過。當我們獨自在沼澤裡掙扎，悲哀與無望時，我們要勇敢地自嘲。用一根針，刺破現實殘酷的魔咒，刺破心頭鼓鼓的氣球。

　　因為，沒有自嘲，我們的人生將無處偷歡。

第十章
閒聊，平常之中見真功

　　閒聊，是我們生活中最為常見的一件事了。最常見的事，往往最容易被人忽略。有些人認為，人是因為無聊，所以閒聊，閒聊沒什麼技巧，也無須口才，想什麼就說什麼，說到哪就到哪。懷這種心態的人，即使閒聊，也容易把閒聊變成無聊。

　　口才並非只適用在那些重要的場合，如法庭辯論、商業談判、競選演講，在看似不重要的閒聊當中，口才也能發揮非常重要的作用。那些柴米油鹽醬醋茶的「廢話」，看似沒有什麼意義，但只要閒聊得投緣，就能拉近兩個人之間的距離，人們透過閒聊，能在輕鬆的氣氛中加深彼此的了解，鞏固了情誼。

　　重要場合的口才，決定的是當下事情的成敗。而閒聊，決定了人一輩子的幸福。一生當中，我們透過閒聊，和朋友、和家人、和同事說了百分之九十九的「廢話」。正是這些「廢話」，讓我們和諧、和睦。

　　閒聊是一種在平常中見真功的藝術。一個口才高手，絕對不會忽略占人生話語百分之九十九的閒聊。他們在閒聊中練習口才，如同在足球比賽前做熱身運動。他們知道，只有閒聊聊得有水準，才有可能在非閒聊中發揮高水準。而那些平常三棍子也打不出一個屁來的人，在重大場合你也別指望他能說得有理有據、嚴絲合縫。

原一平的閒聊推銷

　　原一平其貌不揚，但卻是一個頂尖的銷售高手。對於各

種難對付的客戶，他都有自己獨特的絕招。他特別善於利用閒聊，來達到推銷的目的，可謂一個飛花摘葉皆能成為其利器的武林高手。

有一次，原一平去拜訪一位陌生的婦女。看到婦女正滿臉愁容，似乎剛哭過。按一般道理，這樣的客戶是很難成功推銷的。果然，婦女對他很冷漠，不想跟他說話。原一平見狀，連忙改變推銷的方法，和婦女閒聊起來。

當他們談到孩子教育問題時，婦女的話變多了。原來，該婦女剛才正為不聽話的兒子而傷心。她上高中的兒子，經常曠課去外面瞎混。

原一平聽了，嘆了一口氣，說：「男孩子大了，愛做什麼就讓他去吧！」

說完，望著婦女有點不高興的臉，接著說：「但是，人的一生，得來不易。從母親的十月懷胎，到嬰兒出生，到長大成人。在這十多年成長的過程中，偉大母親付出了多麼大的代價！」

婦女的臉色開始好轉。原一平猛地站起，拍著桌子說：「如果任由他去，又怎麼對得起自己的十月懷胎！」

原一平說完，緩緩坐下。之後，他回顧了自己母親對自己的恩情，說到動情處，眼裡閃著淚光。

後來，這位婦女居然痛快地買了原一平推銷的保險。原一平認為：推銷其實是推銷自己，而不只是產品。其實，我們在日常的閒聊中，又何嘗不是在一點一滴地推銷自己呢？

聊一聊如何閒聊

朱自清說：人生不外言動，除了動就只有言，所謂人情世故，一半是在說話裡。柴米油鹽式的聊天，是我們說得最多的一些話題。聊天看似平常，卻能在平常之中見口才真功。聊得來的人，距離迅速拉近，感情立刻升溫。

閒聊一般都沒有一個特定的話題，天馬行空，可以從小孩吵架聊到美伊開戰，可以從繡花針聊到原子彈。但是在尋找話題的時候，最好不要涉及政治與宗教信仰這兩個主題，因為這類話題最容易引起激烈的爭辯，而將本來的輕鬆場面一掃而空。最好談一些小的、不重要的事情。

人們在閒聊這件事上最容易犯的錯誤，就是一見面就從對方所從事的工作談起。我們總以為，和醫生談開刀、和運動員談打球、和商人談生意經是「天經地義」的事。殊不知，他們一天到晚做同樣的事情，已經夠煩的了，如果你在業餘時間或休閒時間還談及這類事情，很可能會讓對方心煩意亂。美國前總統甘迺迪（John F. Kennedy）最討厭和別人談政治，可是偏偏許多人都找他談政治，還自以為此舉可以討好他。

那麼，到底應該談哪些事情呢？最好的辦法，就是常閱讀報紙和一般性的雜誌，以增加各方面的常識。不然，除了「你好嗎？」「今天天氣不錯啊！」之外，接下來你就不知道要聊些什麼了。

閒聊中不要當無「聊」分子，無「聊」分子在交際中不受歡迎。而那些口才高手則善於打破沉默、談笑風生。能帶

動現場氣氛的人，走到哪裡都會受到大家的歡迎。這種人不會讓場面尷尬與沉默，他們懂得適時轉變話題，讓大家都有臺階下。

閒聊聊些什麼呢？除了平時你最關心、最感興趣的問題之外，你要多儲備一些和別人閒談的資料。這些資料應輕鬆、有趣，容易引起別人的注意。

例如，買東西上當啦，語言上的誤會啦，或是辦事擺了個烏龍等，這一類的笑話多數人都愛聽。如果把別人鬧的笑話拿來講，固然也可以得到同樣的效果，但對於那個鬧笑話的人就未免有點不敬。講自己鬧過的笑話，開開自己的玩笑，除了能夠博人一笑之外，還會讓人覺得自己為人很隨意，很容易相處。

驚險的故事也是一個不錯的話題。尤其是自己或朋友親身經歷的驚險故事，最能引起別人的注意。人們的生活常常不是一帆風順的，每天大家照常吃飯、照常睡覺，可是忽然大禍臨頭，或是被迫到一個很遠的地方，可能遭遇到很多危險……怎麼應付這些不平常的局面，怎麼機智地或是幸運地在間不容髮的時刻死裡逃生，都是人們永遠不會漠視的題材。

未婚女人喜歡談美容與購物。已婚女人則更願意談兒童教育、夫婦之間怎樣相處、親友之間的交際應酬、家庭布置……。

夏天談游泳，冬天談溜冰，其它如足球、羽毛球、籃球、乒乓球，都能引起人們普遍的興趣。娛樂方面像盆栽、集郵、釣魚、聽歌、看戲，什麼地方可以吃到著名的美食，

怎樣安排假期的節目⋯⋯這些都是一般人很感興趣的話題。尤其是有世界著名的音樂家、足球隊前來表演的時候，或是有特別賣座的好戲、好片上映的時候，這些更是熱鬧的閒談資料。

轟動一時的社會新聞是最常拿來作談資的題材。假使你有一些特有的新聞或特殊的意見和看法，那足以把一批聽眾吸引在你的周圍。

談怎樣發好「球」

閒聊就像打乒乓球，要有來有往，有問有答才有趣。如果兩人聊著聊著，突然出現了冷場，那意味你們已經打了一個回合。你該重新發球了。

提問就好比乒乓球賽裡的發球，看似平常實則內有乾坤。要闡明自己的主張、闡述自己的意見，讓對方關注地傾聽自己的論述，使其理解、同情，進而接受、支持自己的主張，無疑需要一些良好的提問技巧。人們就常用「查戶口」的比喻來諷刺那些僵化的、一問一答的講話。死板生硬的提問不僅不能讓提問應有的功能起作用，甚至會完全窒息友善的講話空氣、破壞講話的氣氛，使話難以進行下去。

要問得巧，必須做到善於針對場合、事物，有針對性地提問。比如，你可對小朋友問：「你幾歲啦？」但對老年人卻不宜這樣直接地發問，例如：「您長壽啦？」這類問話還不如問：「您有五十多歲了吧？」把對方的年齡偏小一點說，當然也不能小得離譜。

閒聊時問話須注意的是：問對方所知道的、問對方能夠回答的。如果你不確定對方能否回答，那麼還是以不問為好。例如問一個醫生「去年我國患 A 型肝炎的病人有多少？」這是不容易回答的。要是對方的回答是「不太清楚」，這樣不僅使答者有傷體面，而且雙方都感到無趣，這並非說話藝術。

　　其次，有關宗教及政治的觀點要慎重提問，除非你的對手是一個專家或權威人物。因為一般人對宗教與政治各有各的立場和見解，他不知道你有什麼用意，也不知道你有無成見。聰明的人大抵不會開誠布公地答覆這種問題，所以不問較好。

　　有些問題，在你得不到圓滿的答覆時，是可以再繼續問下去的，但有些問題問過以後就不宜再問。比方說，你問對方住在哪裡，如果他說「在新北市」或者說「在臺南市」，那麼你就不宜再問是幾街幾號。如果他樂意讓你知道，他一定會主動詳細說出，而且最後還會補上請你光臨的客氣話。舉一反三，其他諸如此類的問題也是一樣，適可而止，以免誤事。

　　此外，在日常會話中還要注意：不可問女士的年齡（除非她是六十歲左右的），不可問別人的收入多少，不可詳問別人的家庭狀況，不可問別人用錢的方式，不可問別人工作上的祕密如化學用品的製造方法等。

　　舉凡對方不知道或不願讓別人知道的事情都應避免發問。問話的目的是引起雙方的興趣，不是使任何一方無趣。要是能使回答者起勁，同時也能增加你的見識，那便是問話

的最高本領。

有一位西方的學者說：「倘若我們不能在任何一個見面的人那裡學到一點東西，那就是我們溝通的失敗。」這話發人深省，虛懷若谷的人往往是受人歡迎的。記著，問話不僅可以打開談話局面，而且可以從對方的話裡學會許多你不知道的學問。

問話是表示虛心、表示謙遜，同時也是表示尊重對方。「幫我把信拿去寄」就不如說「能不能幫我寄信」，後者使人聽了覺得舒服。

同樣，對某件事情不了解，就不妨請教別人，自作聰明是最吃虧的。一個坦白的、求教於人的問話，最能博取別人的歡心。

多說 YES 少說 NO

有些人很不討人喜歡，不管走到哪裡都令人討厭，這些人通常在和別人溝通時，總是不斷地否定對方所說的話。我們來看看以下的例子。

「你有車子嗎？有吧？我還以為你沒有呢。什麼顏色？白色，那太沒個性了，滿街到處都看得到白色的車子，你應該選個比較個性的顏色才對嘛。什麼？自動排檔車？那太危險了！才兩個車門？這樣進出多麻煩，後座的人很辛苦吧？」

聽聽這段話，車子每一項都被否定，有誰會不生氣呢？

但是，這卻是很多人不知不覺中常犯的毛病。

如果換成另一種說法：「白色的感覺明亮，很不錯哦！自動排檔車開起來很輕鬆，尤其是山坡路，開起來一定非常順手吧？ 如果是這種車的話，還是兩個車門比較輕便……。」這樣稱讚一下人家，可說是小事一樁，對方高興、自己也達到了保有良好人際關係的目的，何樂而不為呢？

肯定對方、對方的家人、對方所擁有的一切，是建立良好人際關係的基本方法。

如果對方的意見和你的想法不同，也絕不要劈頭就直接否定人家。如果對方說：「人生還是金錢最重要。」就算你不同意，也可以婉轉地回答：「我也這麼想。但是，應該也有一些例外吧……。」先接受對方，聽完對方的說明，再表明自己的主張，態度可以堅決，但是語氣要盡量委婉。

人一旦被對方認同，就會在潛意識裡覺得自己很重要，自然也就會對對方產生好感，也就願意接受對方的意見。

有一點要注意，絕不能一味地肯定對方。如果有朋友在你面前抱怨他的女友實在不怎麼樣。你若傻傻地回答說：「是呀，身材也不好！」雖然是附和了對方的意見，但對方心裡其實可能是希望得到反駁，希望你稱讚他的女友，結果卻得到反面的回應，這樣不只場面尷尬，想想兩人的談話還談得下去嗎？ 和人交談千萬不要只聽表面上的話，要用心察覺對方的心思。

特別需要注意的是，不要隨便否定自己覺得不好應付的人，因為一旦持這樣的心態與人接觸，我們就很容易被對方

貼上負面的標籤。

「那個人很陰沉，實在惹人厭」、「他是個沒有能力的人，不適合當朋友」、「她很驕傲，我無法喜歡她」，這些評語都只是對那個人的部分評價，而這樣斷章取義的判斷只會破壞彼此關係。

其實，不管是什麼人，一定有好的一面。如果能夠這樣深信，對方必定也會給予 YES 的信賴回應。

掌握插話的時機

有些人太相信自己的理解和判斷能力，往往不等別人把話說完就中途插嘴，因此常發生錯誤。這種急躁的態度不僅會弄錯說話意圖，還會因中途打斷對方的話引起別人反感。

當然，在別人說話時一言不發也不好。對方說到關鍵的時刻，說完後你只看著對方而不說話，對方會感到很尷尬，他會以為沒有說清楚而繼續說下去。

人們常會輕率地問：「剛才這個問題的意思，能說清楚一點嗎？」或者不經大腦就說：「我不太了解剛才這個問題的意思。」這些話都不算得體，你不妨這樣表示：「據我聽到的，你的意思是否是這樣的……」。

即使你真的沒聽懂，或漏聽了一兩句，也千萬別在對方說話時突然提出問題，必須等到他把話說完，再提出：「很抱歉！剛才中間有一兩句你說的是……嗎？」如果你是在對方說話中間打斷，問：「等等，你剛才這句話能不能再重複一

遍？」這樣，會使對方有一種受到命令或指示的感覺。

俗話說：「聽人講話，務必有始有終。」但是能做到這一點的人卻不多。有些人往往因為不滿意對方的意見而提出自己的見解，甚至當對方停頓時，就搶著說：「你要說的是不是這樣……」，由於你的插話，很可能打斷了他的思路，要講些什麼他反而忘了。

中途打斷對方的話題是沒有禮貌的行為，有時會產生不必要的誤會，說不定對方會想：「那你來講好了。」一個精明而有禮貌的人與他人交談時，即使對方長篇大論地說個不停，也絕不會隨意插嘴。

在宴會、生日舞會上，我們時常可以看到朋友正和另外一個不認識的人聊得起勁，此時，每個人都有加入的想法。但是，一方面你們不知道他們的話題是什麼，而且你突然地加入，可能會令他們覺得不自然，也許因而話題接不下去，會使場面氣氛轉為尷尬而無法收拾。

如果碰到這種情況，你最好等他們說完再過去找你的朋友，即使真有事必須當下告訴他，給他一些小動作的暗示，他就會找機會和你講。

有一點要注意，不要靜悄悄地站在他們身旁，好像在偷聽一樣。盡可能找個適當機會，禮貌地說：「對不起，我可以加入你們嗎？」或者，大方、客氣地打招呼，叫你的朋友介紹一下，就能很自然地打破這種僵局。千萬不要打斷他們的話題，也不要製造尷尬的氣氛。

讓人反感的六種話

酒逢知己千杯少，話不投機半句多。話說得有水準，自然討人喜歡。那惹人反感的談話方式表現在哪呢？

首先，喋喋不休的話。在與人交談中，總把自己放在主要位置，自始至終一人獨唱主角，喋喋不休地推銷自己，滔滔不絕地訴說自己的故事。有個名人說過，漫無邊際、喋喋不休無疑是在打自己付費的長途電話。這樣不但不能表現自己的交談口才，反而令人生厭。「一言堂」不能交流思想，不能增進感情。交談時應談論共同的話題，長話短說，讓每個人都充分發表意見，留心別人的反應，這樣才能氣氛融洽，眾情相悅。正如亞歷山大‧湯姆所說：「我們談話就像一次宴席，不能吃得很飽才離席。」

其次，逢人訴苦，散播悲觀情緒的話。在人的生涯中，每個人都會遇到挫折和苦難，但每個人對待的方式不同，有的人迎難而上，有的人知難而退，有的人卻將苦難帶來的愁苦傳染給別人，在眾人面前條陳辛酸，以獲同情。交流中一味地訴苦會讓別人覺得你沒魄力、沒能力，會失去別人對你的尊重。

第三，無事不通、顯得聰明過人的話。言談中，談話的內容往往涉及天文、地理、歷史、哲學等古今中外、日月經天、江河行地般的話題。如果在交談中表現出「萬事通」，到時必會打自己的嘴巴，砸自己的腳，因為交談是互相了解、互相交流的方式，而不是表現學識淵博、見識廣泛的舞臺。更何況老子曾說過：「言者不知，知者不言。」交談中什麼都

說的人，未必什麼都知道。

第四，空話套話，就是不講實話。大多數的孩子都喜歡肥皂泡，被吹出來的泡泡在陽光下閃耀著色彩豔麗的光澤，實在美妙。隨著五彩泡泡的不斷升高，一個接一個紛紛破碎。所以人們常把說空話喻為吹泡泡，真是恰當不過。對一些充滿各種動聽、虛幻誘人的詞句，細細咀嚼既沒有任何實在的內容，也是遲早會破滅的。

說話的目的是為交流思想，傳達感情。因此，交談總得讓對方知道你心中要表達的是什麼。只要開口，不管是洋洋萬言，還是三言兩語，不管話題是海闊天空，還是一問一答，都應讓人一聽就懂。有些人慣用一些現成設定好的話來代替自己的語言。三句不離套詞，顛來倒去就那麼幾句，既沒有思想性，更沒有藝術性，令人聽後形如嚼蠟。

第五，武斷的話。武斷是交談的毒藥，如果你開口「當然」、閉口「絕對」，那別人還有什麼話可說呢？

所以，你要盡可能避免說這樣的話：「所有的政治，都是欺騙。」「所有的戰爭都是罪惡。」「所有的女人都是弱者。」像這樣的話，不但讓你顯得偏激，而且也不符合事實。在你的語句中，要多用一些這類字眼：「有的人……」、「有的時候……」、「可能」、「也許」、「或者」……使你的意見或判斷略加一些限制，留一點餘地。在說完自己的意見之後，也不妨問一問對方：「這是我個人的看法，你覺得怎樣？」或者說：「我可能有錯，我希望知道你的看法。」

更重要的是，要警惕自己不要用一種非常肯定的語調來

講話，好像大將軍發布命令似的。不管你說什麼，這種腔調別人一聽就不舒服，會覺得你把自己抬得太高了。這種把自己放在一切人、一切事之上的態度，不久就會使你陷於完全孤立的地位。

第六，質問的話。談話時習慣質問對方的人，多半胸襟狹窄，好吹毛求疵、與人為難，或性情孤僻，或自大好勝，所以即使在說話小節上，也把他的性格表現了出來。其實，除非是在不得已的場合如法庭上的辯論外，質問的對話方式大可不必採用。如果你覺得意見不對，不妨立刻把你的意見說出來，何必一定要先來個質問，使對方難堪呢？

例如，甲：「昨天我想是今年以來最酷熱的一天了。」乙：「你怎會這麼說呢？」

對方雖然說錯了，但你何必要先給他一個難堪的質問呢？你既然知道昨天溫度不過三十四度，而前天卻達到三十五度，那麼你就說出來好了。先質問，後解釋，猶如先向對方打了一拳，然後再向他解釋一樣。這一拳，足以破壞雙方的情感。被質問的人往往會被弄得不知所措，自尊心受到很大的打擊，如果他也是個脾氣不好的人，必會惱羞成怒，而激起劇烈的爭辯。

閒聊時易犯的小毛病

一般人在說話時常犯些小毛病，雖然無關緊要，但也會降低對方與你交談的興趣，甚至引起別人的反感，所以還是小心防範，設法加以糾正才好。

有的人在談話中，常常會有些字句含含糊糊，讓人聽不清楚，或者誤解了他的意思。所以，不說則已，只要開口，就最好把每一個字、每一句話，清楚準確地說出來。

　　有許多人喜歡用一個字去替換許多字，譬如，他在所有滿意的場合，都用一個「好」字來代替。他說：「這歌唱得真好！」「這是一篇好文章。」「這山好，水也好！」「這房子真好。」「這個人很好。」……其實，別人很想知道這一切究竟是怎麼個好法。這房子是寬敞？還是設計得很別緻呢？還是材料很結實呢？這人是很老實呢？還是很爽朗呢？還是很能幹呢？還是很願意與別人接近呢？還是很慷慨、很喜歡別人呢？單是一個「好」字，就讓人有點摸不著頭腦。

　　還有這樣的人，用「那個」這兩個字代替幾乎所有的形容詞，例如：「這部影片的確是很那個的」、「這件事未免太那個了」、「這封信讓人看了很那個的」……這一類毛病，主要是由於頭腦偷懶，不肯多費一點精神去尋找一個適當的、恰如其分的字眼。如果放任這種習慣，所說的話就容易使人覺得籠統空洞，讓別人認為你語言能力差，而聯想到你的思維也不行，因而也就得不到別人適當的重視了。

　　有的人喜歡在自己的話裡面加上許多不必要的字眼。例如，三句話裡面，就用了兩次「自然啦」這個詞。又有的喜歡隨意加上「反正」、「不過」、「然後」這些字眼。有的人又喜歡老是問別人「你明白嗎？」「你說是不是？」……最好盡量避免說這類多餘的詞句。

　　說話有雜音比喜歡用多餘的字句更令人不舒服。在說話

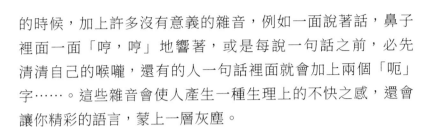

的時候，加上許多沒有意義的雜音，例如一面說著話，鼻子裡面一面「哼，哼」地響著，或是每說一句話之前，必先清清自己的喉嚨，還有的人一句話裡面就會加上兩個「呃」字……。這些雜音會使人產生一種生理上的不快之感，還會讓你精彩的語言，蒙上一層灰塵。

有的人喜歡用誇張的語言去強調一件事物的特性。這樣雖然可以引起別人的注意，但無論在什麼場合都採用這種方法則不對了。例如：「這個意見非常重要！」「這一本書寫得別提多精彩了。」「這真是一部非常偉大的戲劇。」「這樣做法是非常非常危險的。」「這個女人簡直是無法形容的美麗。」……如此這般，講的就太過了，別人也就自然而然地把你所誇大的字眼都大打折扣，這就使你語言的威力大為降低了。

矯揉造作也是較為常見的一個小毛病。它有多種形式的表現，有的人喜歡在交談中加進幾句英文或法文；有的人喜歡在談話中加進幾個令一般人難以理解的學術性的名詞；有的人喜歡把一些流行的縮寫詞掛在口頭；有的人又喜歡引用幾句深奧的名言，放在並不適當的地方。這會讓人覺得你在賣弄知識、故作高深，還不如自然、平實的言語更容易讓人接受。

瑣碎零亂、東拉西扯是一些人的小毛病。在敘說事理的時候，最重要的是層次清晰，條理分明。所以，在交談以前，必先在腦子裡把所要講的事物認真地梳理一下，分成幾個清楚明確的段落，摒除一些不太重要的細節。不然的話，說起話來就會囉嗦拖拉，意思不清了。尤其是當一個人敘述

自己親身經歷的時候，更容易因為非常激動，巴不得把所見所聞，全盤托出，結果反而使人聽起來非常吃力。

這類毛病雖「小」，但「千里之堤，毀於蟻穴」。你要小心自己講話時無意中跑出來的「螞蟻」，把你的口才之堤搞得千瘡百孔。

那些柴米油鹽醬醋茶的「廢話」，看似沒有什麼意義，但只要閒聊得投緣，就能拉近兩個人之間的距離。人們透過閒聊，在輕鬆的氣氛中加深了彼此的了解，鞏固了情誼。

第十一章

巧說，難以琢磨的迷蹤拳

有道是「來得早不如來得巧」，套用這句話，說話也是「說得好不如說得巧」。真正的好口才，講究的是「巧」，能因人而言、因事而言，當言則言、言無不盡，當止則止、片言不語。善巧言的人以獨特的眼光去審視世界，以特有的智慧去指揮嘴巴。

相傳乾隆與紀曉嵐夜遊太湖，見漁火點點，乾隆起了促狹之心，想考倒身邊這個大才子。於是，乾隆問紀曉嵐：「你說這太湖之上，有多少船？」莫說是夜裡，就是白天，誰又能知道寬廣無邊的太湖之上有多少船隻？

紀曉嵐眼珠一轉，回答：「兩艘。」

乾隆有點驚訝：「此話怎講？」

紀曉嵐不急不慢地回答：「一艘為利而來，一艘為利而往。」天下熙熙，皆為利來；天下攘攘，皆為利往，這句老話不用紀曉嵐點破，乾隆自然知曉，乾隆聽了不禁撫掌大笑，稱讚紀曉嵐才思敏捷、口才超凡。

高明的口才大師，即使是遇到再刁鑽古怪的問題，再難解的語言程式，他們也能以驚人卻合理的方式來巧妙破解，當然，這需要深厚的知識沉澱與口才磨練。冰凍三尺，非一日之寒。

哈蒙妙語求職

哈蒙從著名的耶魯大學畢業後，又在德國夫來堡攻讀了三年碩士，畢業回國後，他去了美國西部礦業公司謀職。公

司老闆哈司托是個脾氣執拗、注重經驗的人，他對那些文質彬彬專講理論的知識分子有很深的偏見。

哈司托當場拒絕了哈蒙，他用居高臨下的口吻說：「我不喜歡你的理由就因為你在夫來堡作過研究，你的大腦裡我想一定裝滿了一大堆傻子一樣的理論。因此，我不打算聘用你。」

哈蒙沒有氣餒，也沒有和哈司托辯論。他裝出膽怯的樣子，小聲地對哈司托說：「如果你不告訴我的父親，我將告訴你一句實話。」哈司托覺得有點意思，便向哈蒙保證嚴守祕密。

哈蒙得到了承諾，左看看右看看，好像生怕別人聽到似的，這麼說：「其實在夫來堡幾年，我一點學問都沒有學到，我天天在外打工，想多賺點錢，並多積累點實際經驗罷了。你可千萬別把這個祕密告訴我父親！」

哈司托聽了，立即哈哈大笑，連忙說：「好！這很好！我就需要你這樣的人，那麼，你明天就來上班吧！」

在某些情況下，與其執著於辯個誰是誰非，還不如找條捷徑繞過它。以這個案例來說，哈蒙想要消除哈司托腦子裡的偏見，除非將他們倆的身分對調。在這種情況下，哈蒙選擇的不是正面進攻，而是用一句巧妙的話來表達自己尊重老闆的意見，維護其偏見以及「自尊」。

借別人的口說自己的話

　　明明是自己想說，但怕說出來遭到對方反對，或被對方抓住把柄，便「揪」來一個人，「借」他的口說自己的話。這樣，給雙方的交流留下了一個緩衝地帶，使自己可進可退，游刃有餘。

　　西安事變前夕，張學良和楊虎城頻繁會面，都有心對蔣中正施加壓力。可對於這件關係到身家性命和國家前途的大事，在對方亮明態度之前，誰也不敢輕易開口，眼看時間愈來愈近，雙方都是欲說還休。

　　楊虎城手下有個激進人士叫王炳南，張學良也認識。在又一次會面中，楊虎城便以他投石問路，說道：「王炳南是個激進分子，他主張扣留蔣中正！」張學良及時回應道：「我看這也不失為一個辦法。」於是兩人開始商談行動計畫。

　　當時，張學良的實力比楊虎城大得多，且又是蔣中正的拜把兄弟。楊虎城如果直接把自己的觀點擺在張學良的面前，而他又不贊成，後果實在堪憂。於是便借了並不在場的第三者之口傳出心聲，即使不成也可全身而退，另謀他策。

　　楊虎城從側面下手，己話他說，既暗示了自己的立場，有助於解決問題，又能顧及自身。張學良聽出弦外之音，也向前跨了半步，用「也不失為一個好辦法」來婉轉示意。他們之間的談話，真是滴水不漏。

　　「藉口」有個好處，就是「詭文而譎諫」，明明是你想說的，你卻說是別人這麼說。聽話的人如果不同意，也不會搞

得雙方難堪。

「藉口」還可以借「公正第三者」的口說話。例如你丈夫邀人來家打麻將，你自己不抱怨，只淡淡地說：「樓上樓下的人都說我們家成麻將館了。」

總之，借人家的口來說自己的話，可以避免不必要的尷尬。只是，在施用這個技巧時，不要造謠生事、搬弄是非：明明張三根本沒說過，你「誣衊」是他說的；或者張三說過，但你在借用時可能會引起你對面的人的極大反感，為張三帶來不良的後果。其實，你縱使想無中生有地說，或別人的確說了但不宜直接說出是誰說的時，完全可以用模糊「說話人」的方式來「借」。比如：「我聽有人說您要將店鋪轉讓？」對方若是真的有心轉讓，怕也不會追問到底是誰說的，而若一味追問，你也大可打個哈哈，一句「我不太記得了，或許是我聽錯了」就輕鬆打發。如果不甘心，再問一句：「那麼看來是沒有這回事囉？」這話既達到目的，又說得圓滑，講得體面。

指桑罵槐，言此及彼

「指桑罵槐」是古典兵法《三十六計》中的計策。在縱橫家的口裡，偶爾也會運用這個戰術。表面上罵這個人，實際上是罵那個人；表面上說張家的事，實際上講的是李家的事。

指著槐樹罵槐樹，稱不上口才高明；指著桑樹而實際上罵了槐樹，才算得上是口才高手。指桑罵槐就是利用一種特殊的語言環境，把詞語的針對性轉向談話對方，從而產生不

可言說，只可意會的效果。

　　魏晉時，謝石打算隱居山林，然而父命難違，不得已只好在醒公手下做司馬。一次，有人送醒公草藥，其中有一種草藥叫遠志。醒公問謝石：「這藥又叫做小草，為什麼同是一物而有兩個名稱？」

　　謝石一時答不上來，郝隆當時在座，應聲說道：「這很好解釋，隱於山林的就叫遠志，出山就叫小草了。」

　　謝石聽到此處，滿臉愧色。

　　魏晉時人們崇尚回歸自然，並不以官宦為榮，隱居山林，過閒雲野鶴似的生活是非常時髦的舉動。郝隆這裡正是指桑罵槐，表面上是解釋草藥的名稱，實質上是嘲諷謝石。而謝石竟然在這記悶拳之下，即使想反擊也無從下手。

　　指桑罵槐的特色就在於巧妙地利用詞語的多義性或雙關性等特點來做文章。說話者說出的話語，從字面上的意思看似並不是直接針對對方，但話語中卻暗含了攻擊對方的深層意思，使對方雖有覺察卻又抓不出把柄，只好啞巴吃黃連，自認倒楣。

　　從前，有個瞎子被無辜地牽涉到一場官司中，開堂審判時，他對縣太爺說：「我是一個瞎子。」

　　縣官一聽，立刻厲聲責問：「混帳！看你好好的一雙眼睛，怎麼說是瞎子？」

　　瞎子接著縣官的話：「我雖然有眼睛，老爺看小人是清楚的，小人看老爺卻是一團黑的。」

　　這裡，瞎子採用的就是指桑罵槐法。他所說的「清白」

和「一團黑」，實際上是利用一詞多義的現象而造成一語雙關的修辭效果，從而達到了「指桑罵槐」的目的。

指桑罵槐是一個致人內傷的陰招，一般用於惡人身上。此外，非常要好的朋友之間開開無傷大雅的玩笑，也可偶用。一個人如果不分情況地濫用，怕只會落個言辭刻薄的惡名，令人避之唯恐而不及。這一點大家不可不察。

指桑罵槐大多數時候只是圖個口裡痛快、心裡舒服，但高明的說話高手卻能將這一戰術指向具體的訴求。

著名畫家張大千先生留有一口長鬍子，人稱美髯公，他也頗以自己的鬍子為榮。可是，在一次吃飯時，有一個好友以他的長鬍子為題材，連連不斷地開玩笑，言辭逐漸不合時宜。

張大千等朋友聊完，才不慌不忙地開口：

「既然你那麼喜歡講鬍子的故事，我也來湊個熱鬧，講個有關鬍子的故事。劉備在關羽、張飛兩弟亡故後，特意興師伐吳為弟報仇。關羽之子關興與張飛之子張苞復仇心切，爭做先鋒。為公平起見，劉備說：『你們分別講述父親的戰功，誰講得多，誰就當先鋒。』張苞搶先發話：『先父喝斷長板橋，夜戰馬超，智取瓦口，義釋嚴顏。』關興口吃，但也不甘落後，說：『先父鬚長數尺，獻帝當面稱為美髯公，所以先鋒一職理當歸我。』這時，關公立於雲端，聽完忍不住大罵道：『不孝子，為父當年斬顏良，誅文醜，過五關，斬六將，單刀赴會，這些光榮的戰績都不講，光講你老子的一口鬍子又有何用？』」

聽完張大千講的這個故事，朋友哈哈大笑，連說「甘拜下風、甘拜下風」。在飯桌上再也不敢提「鬍子」二字——因為一提又會做了張大千的兒子。張大千的指桑罵槐顯然有點刻薄，但既然是好友之間，再說也是對方不合時宜在先，這樣說說似乎也無可厚非。但在此筆者要重申的是：指桑罵槐乃傷人重器，切不可輕易示人。

正話反說，綿裡藏針

> 三年羈旅客，今日又南冠。
> 無限河山淚，誰言天地寬！
> 已知泉路近，欲別故鄉難。
> 毅魄歸來日，靈旗空際看。

這是明末清初的民族英雄夏完淳的一首絕命詩。這個十二歲參加反清鬥爭、十四歲棄筆從戎的天才少年，在十六歲那年被俘。

夏完淳被俘後押至南京受審。受審時，他驚愕地發現審判自己的竟是明朝叛官洪承疇。

洪承疇原是明朝的一個總督。清軍南下時，崇禎皇帝曾命他率軍抵抗，結果全軍覆沒。崇禎帝及滿朝文武還以為他已戰死了，為他舉行了隆重的祭禮，並大力表彰他，誰知他卻早已當了叛賊，死心塌地地為清王朝賣命了！

洪承疇以為夏完淳不認識他，以長者的口吻對夏完淳說：「小孩子家懂什麼造反，還不是被那些叛亂之徒硬拉去的？你要是肯歸降大清，我保你做官。」

　　夏完淳感到既氣憤又好笑，苟且偷生，真是叛賊的邏輯。於是，他裝出不認識洪承疇的樣子，決定嘲弄一下這個叛賊。他回答說：「我年齡是小，可我有自己的志向。你們知道我們的抗清英雄洪承疇嗎？他奮勇抗清、寧死不屈，很有氣節，我年紀再小也要做他那樣的人！」

　　聽了夏完淳的話，洪承疇在大堂上真是如坐針氈。這時，有人告訴夏完淳說：「堂上坐的正是洪大人，你不要再頑抗了！」

　　夏完淳還是裝出無知的樣子，指著洪承疇的鼻子罵了起來：「胡說！洪老先生早已為國捐軀，天下誰人不曉。你是哪來的賊子，竟敢假冒洪先生，玷汙他的名聲？只有你們才是朝廷的叛徒、民族的敗類。你們認賊作父，投降清廷，應人人罪而誅之！」大堂上的洪承疇被罵得狗血淋頭，但又不便發怒。他無地自容，只好用顫抖的聲音喊道：「把他押下去！押下去！」

　　夏完淳沒有直接罵洪承疇是叛臣，反而有意假裝稱他是忠臣，這種正話反說的戰術，將「為國捐軀」與「賣身投敵」形成鮮明對照，以高尚反襯卑劣，用刀子般的嘴揭露了叛臣的醜惡靈魂。這種攻擊十分凌厲，比正面直接進擊的效果更勝一籌。

　　正話反說相對正話直說來說要意味深長。正話反說，就是對某一話題不作直接的回答或闡述，卻有意另闢蹊徑，從反面來說，使它和正話正說殊途而同歸。這樣便可以避免正面衝突，含蓄委婉，人情人理，收到一種出奇制勝的勸諭和

諷刺效果。有時正話反說的曲折手法，可使人們在輕鬆的情境中相互溝通，使緊張的局面得到緩解。

　　對上級的直言正諫容易觸怒對方。特別是在封建社會，當勸諫的對象為封建帝王時，稍有不慎，就會惹來殺身之禍，所以有人便以「正話反說」作為攻心的一種方法。反語進行勸諫，古書中記有許多趣事。下面這兩個故事就是很精彩的例子。

　　有一次，齊景公的一匹愛馬死了，齊景公非常生氣，要把看管馬廄的人處以四肢分裂的酷刑。恰好晏子在齊景公身邊，他搖手制止，對景公說：「恕臣冒昧，主公可知古時候的聖人堯舜，在將人四肢分解時，先從哪個部位開始嗎？」

　　「從……從……」。堯舜是聖人，聖人當然不可能將人處以四肢分解的酷刑。晏子故作此問，是為了制止齊景公這種專橫的行為。因此，景公一時語塞，不知如何作答，只好厲聲對左右命令：「把這個傢伙抓進牢裡。」

　　晏子又對齊景公說：「這人被抓進牢裡，一定感到莫名其妙，不知自己犯了何罪，下獄之前，我來向他數說罪名好嗎？」

　　「好！」齊景公回答。

　　晏子非常嚴厲地對看管馬廄的人說：「你仔細聽著，你犯了三條重罪。第一條是工作不用心，連一匹馬都沒有看守好；第二條是使主公最心愛的馬死掉了；第三條是由於主公愛馬的死，主公不得不將你處死。這件事如果張揚出去，所有輿論的責難就會集中到主公身上，諸侯聽到這個消息，也會以

此為笑柄。你就是犯了這些罪，所以才被抓進牢裡，你現在明白了嗎？」

晏子的話，齊景公聽到了弦外之音，長嘆一聲：「夫子，放了這個人吧，別因為他使寡人背上不仁的罪名。」

晏子諫君有方，使這個無辜的看馬人免除一場災禍。

在相聲裡，懸念是相聲大師的「包袱」。交談中有意製造懸念，會使人更加關注你的一舉一動。當大家精力集中、全神貫注時，你抖開「包袱」，讓人們發覺這是一場虛驚，大家都會付之一笑，報以掌聲。

在生活與工作中，有時由於場合因素和人際關係等原因，對於對方的評判或反對意見，坦言辯駁並不合適，這時不防採用正話反說的技巧。正話反說是話中有話、綿裡藏針的攻心術，即用表面肯定而實際帶有反對、評判意思的話來含蓄地說服對方。

運用正話反說的方法，重要的一點在於處理好一反一正的關係。在交談中，準備對對方進行否定時，卻先來一個肯定，也就是在表達形式上，好像是肯定的，但在肯定的形式中巧妙地蘊藏著否定的內容。正說時要一本正經，煞有介事，使對方產生聽下去的興趣。然後，再以肯定的形式抖出反話的內容，與原先說的正話形成強烈的對比，從而產生鮮明的諷刺意味，讓人信以為真，增加談話的效果。

值得注意的是，正話反說畢竟是一種諷刺性的表達方式，使用時要特別注意語意的輕重和火候。既不能過分隱晦，令對方不能順利領會話中的話，也不能火藥味太濃，以

免傷及對方的自尊，引起反感，反而弄巧成拙。

延伸閱讀

　　最後，讓我們看一篇美國中學生寫的文章。該文用正話反說的方式，本來是要宣傳環保，卻糊裡糊塗地大談「如何毒化地球」。文章短小，卻讓人過目不忘。

如何毒化地球

作者：林尼·索克（美）

　　毒化地球確非易事，因為地球總是努力地為自己除垢去汙，恢復原貌。考慮到這一點，我們就要盡可能地從以下物質中生產出廢料。如鈾二三八，其半衰期為一百萬年，或者是鈈，其半衰期為五十萬年。它具有劇毒性。如果均勻分配的話，十磅（一磅至五百克）的鈈就能毒死地球上的一切生靈。美國每年生產大約十八萬噸鈈。因此，這是能夠長期毒化地球的最好物質。如果我們建造更多的核電站，它將有助於這一目的，因為一個核電站每年能生產五百磅鈈。當然，我們還必須使用包括諸如聚氯聯苯和 DDT 在內的這類具有持久毒效的化學物質，以保證我們有足夠的毒素來毒化地球，包括地核和大氣層。首先，我們必須制定出許多能把這些核物質和化學物質的廢料塞入、堆滿和包圍地球的不同方法。

　　在毒化過程中，把這類物質塞入地球是最主要的一步。採用深井注射，我們便能夠一直毒化到地核。深井注射需要挖掘一口深達幾千英尺（一英尺至三公尺）的洞，然後用超高壓射入毒性物質。於是，這些毒性物質就會滲入到地球內部。根據美國環境保護局的報告，美國大約有三百六十口這樣的深注射井。同時，我們不要忘記緊靠地面的地下水層，必須也把它毒化。這只要淺井注射就能輕易達成，其操作原理與深井注射是

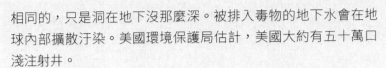

相同的，只是洞在地下沒那麼深。被排入毒物的地下水會在地球內部擴散汙染。美國環境保護局估計，美國大約有五十萬口淺注射井。

把毒物埋入地下是僅次於深井注射的最好方法。填土、廢物場和傾瀉在湖裡的毒物會慢慢地滲進地球內部，保護汙染持久不衰。美國環境保護局估計，在美國約五萬座這樣的廢物場。這些廢物場應建於廢料能夠滲入周圍地下水和地表水的地區。

往地球上噴灑農藥以及其他毒品是毒化地球的另一途徑。這有利於用毒物覆蓋地球表面。毒藥會被作物吸收，會滲入地面，還會流入地下水。

汙染地表水尤其重要，因為地表水能把毒物送到不能直接受到汙染的地方。湖泊是長期儲存汙染物的好地方，而且湖泊裡的一些汙染物會流入河流。但河流是地球上的一個自然淨化系統，這點太糟了。不論傾入多少毒物，河流總會設法把它們送入大海。

要汙染海洋是很困難的，海洋擁有巨大的容積和自然稀釋能力，會逐步中和一些汙染物。因此，我們必須把海洋當作廢料場，傾入盡可能多的廢料，海流將幫助把汙染物送到本來無法達到的地方。

接著，不要忘記重重地汙染地球上的空氣。焚燒和氧化是汙染空氣的主要方法。我們必須連續不斷地進行汙染，否則風會吹散毒素，雨也會把它們從空氣中清除。但是這也有好處，酸雨每年會殺死一些湖泊中的所有生物。低層空間很容易自我淨化。因此，我們就必須進行原子彈爆炸試驗，以便把放射性粒子射入高層空間，籠罩整個地球。這樣它們會經年不散。地心引力可能使一些粒子掉落地面，所以我們必須不斷地爆炸原子彈。

總而言之，事情就這麼簡單，只要保證盡可能多地生產毒性物質，保證把毒性物質塞入、堆滿和包圍地球的速度大於地球自身的淨化速度。透過這些簡單的步驟，我們就能有把握地毒化地球。

特定場合要用模糊語言

學習口才的目的之一，本來就是要提高自己的表達能力，以便將自己所想的準確地傳遞出去，讓別人更容易地理解與接受。但是，在一些特定的場合，我們不說不行，但說太清楚了就會傷害到其他人，進而對自己不利。這時，我們應該使用一些模糊語言，來巧妙地周旋。例如下面案例裡的小趙，就面臨著這樣的窘境。

李經理在三天前宣布了一份新的業績考核制度，對薪水的組成進行了一次很大的改革，引起了公司業務部不小的震動。業務部裡的人為此議論紛紛，總體而言是多數贊成少數反對。正當大家踴躍各抒己見之時，李經理走了進來。大家頓時閉嘴，各忙各的事。李經理當然知道這些人在討論什麼，他想借這個機會整整反對他的人。

於是，他當著大家的面，問資歷最淺的業務小趙：「小趙，對於新的業績考核，大家的觀點怎樣？」

「經理，有的贊成，有的反對。」小趙回答。

「哦？那你的態度是……？」李經理設下了圈套。

「經理，我贊成同事們的觀點。」小趙不卑不亢地避開了

陷阱。

　　小趙的回答很高明。首先，在李經理問「大家的觀點怎樣」這個問題時，小趙選擇了基本如實的匯報，即「有的贊成，有的反對」。但他沒有畫蛇添足地具體說明「多數贊成」和「少數反對」。他如果說得太具體了，勢必引起反對方的怨恨。接下來，面對李經理設下的圈套：「你的態度是……？」小趙更是不敢怠慢。我們姑且不論他的態度如何，總之不論他答「贊成」還是「反對」，都會引起一些同事的怨恨。而且，他回答贊成呢，難免有人懷疑他拍馬逢迎；說反對呢，正好被李經理抓個典型的殺雞儆猴。所以，他將模糊語言進一步發揮，用「我贊成同事們的觀點」輕易地化解了危機。

　　也許有人會擔心：這樣的回答會不會惹惱李經理？這個擔心是多餘的，聰明圓滑的人誰都喜歡，何況身為業務部門，更需要這種人才。而且，小趙的閃挪騰躲，絲毫不影響李經理統一思想的步驟。李經理有了這個起頭，已經可以洋洋灑灑地發表自己的觀點了。

　　誰料李經理不甘心，在得到「有的贊成，有的反對」的答覆後，追問：「哪些人贊成，哪些人反對？」小趙被逼得沒有退路了，只得面向同事們，問：「剛才是哪些人贊成？」將燙手的山芋丟開卻不露絲毫痕跡，不留絲毫把柄。

　　模糊語言在外交場合上用得最多。什麼「我們關注到」之類的話，經常出現在外交發言人的口裡。因此，模糊語言也叫外交辭令。外交辭令是運用不確定的或不精確的語言進行交際的一種語言表達方式，在公關語言中運用適當的外交

辭令，是一種很好的「鐵布衫」防身術。外交辭令主要表現在語言的含糊上。

A 國在自己的領空擊落 B 國的高空偵察機後，在記者招待會上，有記者突然問外交部長：「請問我國是用什麼武器打下 U-2 型高空偵察機的？」這個問題涉及國家機密，當然不能說，更不能亂說，但對記者的提問，又不能不答。於是，外交部長來了個閃避：「喔，我們是用竹竿把它捅下來的呀！」用竹竿當然不可能捅下來，但大家都心照不宣，哈哈大笑一陣便罷了。

國家大事上經常要用外交辭令，生活中的小事情也有必要用。有些人忠厚老實，不善外交辭令，他們認為外交辭令是政治家的事，在日常生活和工作中用外交辭令沒有必要。事實上，外交辭令在任何場合都大有用處。

例如夫妻間吵架，要你去評評理。你還真的把自己當成公正的法官，問清事情的來龍去脈，「知無不言，言無不盡」地把誰是誰非分析得頭頭是道。結果，在你的分析中沒有道理的一方不服，爭吵繼續。吵架過後，先是有一方怨恨你，等到他們夫妻和好了，怨恨你的說不定變成了兩個。這樣的例子屢見不鮮，真是何苦呢！人家的家務事，你判得了？還不如一上場就施展外交辭令，做一個糊塗的和事佬。

最後，筆者還需補充的是：模糊式的外交辭令只能在特定的場合用一用。總是用這種語言的人，會因為虛偽而得不到他人的信任。就像我們例子中的小趙，如果是單獨與經理討論這個問題，若他的確覺得有必要發表自己的看法，完全

可以坦承自己的觀點；不過對於同事的觀點，還是不能過於具體地指到具體的人身上，要適當運用模糊語言。

不妨來點「行為藝術」

行為藝術是一種比較新興的藝術手法，指藝術家採取很大膽、誇張、刺激的表現手法，用行為來表達人對世界的看法。在會話或演講中，若能恰當地借用行為藝術的手法，將行為與自己所講的主題連繫起來，能夠取得非常好的說服效果。

一九三八年，日軍的鐵蹄在中華大地肆虐，中國陷入抗日血戰之中。是年秋天，馮玉祥到湖南益陽縣城，向幾萬人發表演講，鼓勵他們抗日。馮玉祥出場時，左手握著一根樹枝，將一個草編的鳥窩放在樹枝的丫間，鳥窩裡還有幾個鳥蛋。

臺下的人不知馮玉祥拿這個做什麼。這時，馮玉祥開口說話了，他說：「大家知道，先有國家，然後才有小家，才有個人的生命保障。我們的祖國遭到了日本帝國主義的侵略，我們要用自己的雙手保衛她，那就是起來抗日，如果不抗日——」說到這裡，他手一鬆——樹枝落地、窩摔了、蛋破了。

古人云：「覆巢之下，焉有完卵？」地上破碎的鳥蛋讓聽眾聯想到自己的命運，頓時熱血沸騰、群情激昂。在這裡，馮玉祥用樹枝比做國家，用鳥窩比做家庭，用鳥蛋比做個人，用握著樹枝的那隻手比做捍衛國家的人。他借助道具進

行實物展示，真實而又生動，大大地增強了言辭的說服力。

陶行知是中國著名的教育學家，對於教育有著很深的理解。有一次，他去某師範大學演講。走上講臺，對著下面眾多將要走向講臺的學子，不慌不忙地從箱子裡拿出一隻大公雞。臺下的學生全愣住了，不知陶先生要做什麼。陶先生從容不迫地又掏出一把米放在桌上，然後按住公雞的頭，強迫牠吃米，可是大公雞只叫不吃。怎麼才能讓雞吃米呢？他掰開雞的嘴，把米硬往雞的嘴裡塞。大公雞拚命掙扎，還是不肯吃。陶先生輕輕地鬆開手，把雞放在桌子上，自己向後退了幾步，大公雞自己就吃起米來。這時陶先生開始演講：「我認為，教育就跟餵雞一樣。先生強迫學生去學習，把知識硬灌給他，他是不情願學的。即使學也食而不化，過不了多久，他還是會把知識還給先生的。但是如果讓他自由地學習，充分發揮他的主觀能動性，那效果一定會好得多！」臺下一時間歡聲雷動，為陶先生形象的演講叫好。

陶行知用一個實物演示，將道理形象地展示出來。這種借助道具的說服方式，值得我們大家學習與借鑑。

巧嘴讓人順利接受「不」

不願意聽到別人的反對與拒絕，這是人之常情。口才高手們總結出一些讓別人高興地、順利地、心悅誠服地接受「不」的技巧。

日本明治時代的大文豪島崎藤村被一個陌生人委託寫某本書的序文，幾經思考後，他寫下了這封拒絕的回函。

「關於閣下來函所照會之事，在我目前的健康狀況下，實在無法辦到，這就好像是要違背一個知心朋友的期盼一樣，感到十分懊惱。但在完全不知道作者的情況下，想寫一篇有關作者的序文，實在不可能辦到，同時這也令人十分擔心，因為我個人曾經出版《家》這本書，而委託已故的中澤臨川君為我寫篇序文，可是最後卻發現，序文和書中的內容不合適，所以特別地委託他，反而變成一種困擾。」

在這裡，藤村最重要的是要告訴對方「我的拒絕對你較有利」，也就是積極傳達給對方自己「不」的意志的一種方法。而這樣的說辭，又不會傷害到委託者想要實現目的的動機。

通常，當我們被對方說「不」而感到不悅的理由之一，是因為想引誘對方說出「好」而達到目的的願望，在半途中被阻礙，因而陷入欲求不滿的狀況。所以既不損害對方，又可以達到目的說「不」的最好方法，就是當對方委託你做一件事時，「達到動機」被拒絕後，反而認為更有利的是另一種「達到動機」，而只要滿足這一種「動機」就可以了。

藤村可以說是十分了解人的這種微妙心理，所以暗地裡讓對方覺得「被我這樣拒絕，絕對不會阻礙你目的的實現」。我們在拒絕他人時，也可以用這樣的方法，讓對方覺得說「不」，是為了讓對方有好處，這不僅不會損害到對方的感情，而且還可以讓對方順利地接受你所說的「不」。

戰國時期韓宣王有一位名叫繆留的諫臣。有一次韓宣王想要重用兩個人，詢問繆留的意見，繆留說：「魏國曾經重用

過這兩個人，結果喪失了一部分的國土；楚國用過這兩個人，也發生過類似的情形。」

接著，繆留下了「不重用這兩個人比較好」的結論。其實，就算他不給出答案，宣王聽了他的話也會這麼想。這是《韓非子》裡相當著名的故事。

這種說「不」的方法，之所以這麼具有說服力，主要是因為這兩個人有過去失敗的經歷，但繆留在發表意見時，並沒有馬上下結論。他先對具體的事實作客觀的描述，然後再以所謂的歸納法，判斷出這兩個人可能遲早會把國家出賣的結論。說服的奧祕就在此。相反的，如果宣王要他發表意見時，繆留一開口就說「這兩個人遲早會把我國賣掉」等等，結果會怎樣呢？可能任何人都會認為：「他的論斷過於極端，似乎懷恨他們，有公報私仇的嫌疑。」從而形成不易讓大家接受「不」的心理，即使他在最後列舉了許多具體事實，也可能無法達成類似前面所說的情況。

所以，我們在必須向別人說出他們不容易接受的「不」時，千萬不要先否定性地給出結論，要運用在提議階段所否定的論點，即「否定就是提議」的方式，不說出「不」，只列舉「是」時可能會產生的種種負面影響，如此一來，對方還沒聽到你的結論，自然就已接受你所說的「不」的道理了。

我們曾聽說過可以負載幾萬噸水壓的堤防，卻因為螞蟻般的小洞而潰堤的例子。最初只是很少水量流出而已，但卻因為不斷地在側壁劇烈地傾注，最後如怒濤般地破堤而出。

這種方法可以適用於說「不」的技巧，也就是說，要對

不可能全部接受的頑固對方說「不」時，要反覆地進行「部分刺激」，最終讓對方全盤地接受「不」的意思。

例如，朋友向你推薦一名大學畢業生，希望在你管轄的部門謀求一個職位時，想在不傷害感情的情形下加以拒絕，這時可以針對年輕人注重個人發展和待遇方面，尋找出一種否定的理由，反覆地說：「我們這裡也有不少大學生，他們都很有才華……」、「這裡的福利待遇都很一般……」、「在這裡做，實在太委屈你了……」等，相信那位大學生聽了這些話後，心裡就會產生「在這裡工作沒什麼前途」的想法，再也不糾纏，客氣地向你告辭。

說得好不如說得巧。真正的好口才，講究的是「巧」，能因人而言、因事而言，當言則言、言無不盡，當止則止、片言不語。他們以獨特的眼光去審視世界，以特有的智慧去指揮嘴巴。

第十二章

慎說，說出去的話如射出去的箭

　　鋼針刺入人體，尚且可以拔出來，而話語進了人的耳裡、心中，你卻無法從別人的體內拿出來。因此《聖經》裡這樣說——世界上無法留住的三樣東西：飛出去的箭、說出去的話和逝去的光陰。佛家則認為，人的話是「因」，一旦說了，「果」便已經注定，並且再也改變不了了。

　　這些經典，在用他們的方式告誡世人：說話一定要三思而言、小心謹慎。說話是這個世界上最容易的一件事，如果沒有生理上的缺陷，我們都可以開口就說。但如何說好它，不要讓自己為說過的話感到後悔，卻是一門學問。

　　在某一次宴會上，某先生見鄰座的女士風姿綽約，便有心搭訕。為了吸引這位女士的興趣，他講起了他學校校長的一些軼事。這些事情無非是一些捕風捉影的八卦新聞。

　　那位女士很有興趣地聽著，並不時地插嘴細問，宴會快要結束時，女士問：「你真的是那所學校的老師？」

　　他回答：「當然，我姓張名山。」這位先生想趁機問女士的姓名與電話，他裝出一副文質彬彬的樣子，「請問小姐貴姓？」

　　「我是你剛才說的那位校長的妻子！」

　　在這個片段裡，那位先生犯了說話不謹慎的錯誤：一則信口胡言，詆毀他人；二則不明就裡，自鑽牢籠。預計他的這次胡言亂語，會對他的將來帶來十分不利的影響。

阮籍刀鋒上的舞蹈

竹林七賢之一的阮籍，好說狂放的話，經常口無遮攔。有一次，他和幾個大臣陪皇帝談話。其中一個大臣說到某地方一逆子把親生母親殺了。阮籍這人信口胡說：「嘻！殺父親也就罷了，何至於殺死母親呢？」這完全不經大腦的話一出，滿座人都嚇得變了臉色。因為當時皇帝正在主張「以孝治天下」，阮籍這句大逆不道的話，足以引來殺身之禍。

果然，皇帝問阮籍：「殺父是天下之極惡，而你以為可以嗎？」阮籍這才醒悟到自己的狂放闖了大禍。好在他腦子靈光，馬上想出了應對言辭：「我的意思是：禽獸知其母而不知其父，如果殺父則是禽獸之行；而今有人殺母，則連禽獸也不如啊！」

皇帝聽了他這句補救的話，才消除了隱藏在心中的怒氣，沒再深究。

阮籍的故事，生動地說明了一個人胡說、瞎說、亂說的風險。天下有幾人能有阮籍之才思可及時補救自己的失言？即使有人有，也不能放任自己的嘴，讓自己來一回刀鋒上的舞蹈。

現在儘管沒有皇帝來治你的胡言之罪，但有法律、道德的制約，輿論的壓力，還是謹慎點好。

交心不是把心交出來

在現實生活中，有正人君子，也有奸佞小人，這是無可

奈何的事實。一個人如果不注意說話的內容、方式和對象，很容易招惹是非，授人以柄，甚至禍從口出。因此，說話小心些，為人謹慎些，避開生活的盲點，使自己置身於進可攻、退可守的有利位置，牢牢地掌握人生的主動權，無疑是有益的。

我們知道，心是人最為重要的一個器官，一旦遭到傷害，後果不堪設想。所以在古代打仗時，將領們厚厚的盔甲上都會有一塊銅製的護心鏡，以最大程度地保護心臟免遭襲擊。而相對有形的傷害，對於心的無形傷害更加令人難以防備、難以承受。有一些人心裡藏不了事，對人喜歡「掏心掏肺」。這種內心不設防的人，最容易「禍從口出」。其具體表現在以下幾個方面。

>> 1. 被奸人所用

害人之心不可有，防人之心不可無。每個人都有自己不願公開的隱私、祕密，你真誠的傾訴，有可能在某一天被人拿來當成攻擊或要脅你的利器。把自己的祕密全盤地告訴他人，其實就是親手為自己埋下一顆隱形的、操之在他人手裡的「炸彈」。你掏心掏肺對別人，小心別人有一天真的掏了你的心肺。

>> 2. 使好人受罪

你將一個祕密告訴了張三，張三或許會感謝你的信任。在感激你的信任之後，他要背上為你守口如瓶的責任，生怕自己一時不慎將你的祕密說出去。這種代人保守祕密的責

任，實在是一種沉重的負擔。更要命的是，如果哪天你的祕密洩露了（也許你還告訴了李四，也許只是別人的猜測與祕密巧合），張三將為此背上一個「莫須有」的洩密罪。即使你表明自己是如何相信不是張三洩密，張三的心裡都會有陰影。因此，很多明智的人並不喜歡別人對自己掏心掏肺，因為他們知道保守祕密的責任太重。

>> 3. 產生不必要的惡果

也許有人小時候偷過錢、早婚離過婚，這些事情過去就過去了，汲取教訓就行了。如果一定要拿來和丈夫（妻子）或好友說，最容易產生一些不可預料的後果。也許對方會想：原來你竟然是一個這樣的人，看來……於是，愛情遠去、友情淡漠。

>> 4. 難以取得他人的信任

也許你會想：看，我多麼信任你，什麼都跟你說，你也應該信任我才對。然而對方只要聰明一點，就不一定會信任你，反而可能會更加提防你。因為只要稍微想一下，就知道口風不緊的你，隨時都有可能將你們之間說的話向另外的人「訴說」。一個連自己祕密都守不住的人，憑什麼要別人相信你能替他保守祕密？

>> 5. 失去了個人魅力

距離產生美。一個讓人一覽無餘的人，就像一本內容淺白沒有內涵的書，激不起別人閱讀的興趣。

>> 6. 引起他人的懷疑

你對別人掏心掏肺，別人的心裡可能會暗中算計。為什麼要對我說這些？是不是也想套出我的一些祕密？是不是有求於我？尤其是那些「交淺言深」的話，更加令人狐疑與不快。

看，只是隨便羅列，就列出了這麼多害處。前人的話在今天還有其現實意義：「逢人只說三分話，未可全拋一片心。」值得指出的是，這絕非鼓勵你虛偽。你有權決定說什麼，但你只要保證你所說的每一句都沒有欺騙，你就是一個真誠的人。交心交心，說的是要真心交談，不是叫你把心交給別人。

刻薄的話堅決不說

一則法國諺語說：「語言造成的傷害比刺刀造成的傷害更讓大家感到可怕。」布雷姆夫人在其《家》一書中說：「老天爺禁止我們說那些使人傷心痛肺的話，有些話語甚至比鋒利的刀劍更傷人心；有些話語則使人一輩子都感到傷心痛肺。」

在我們身邊，經常會遇到這些人：長著一張能說會道的利嘴，可用錯了地方，嘴壞，尖酸刻薄，說話不講情面，不給人留絲毫餘地。在社交中，只要誰得罪了他，他會鼓起如簧之舌，喋喋不休，不遺餘力地對人極盡冷嘲熱諷、惡毒攻擊。這種尖酸刻薄的人通常有兩種類型，等級低的和等級高的。

所謂等級低的，除了心胸狹窄的「長舌婦」之外，最常

見的就是那些沒心沒肺的「莽漢」。前者是處心積慮來傷害別人，後者是無心之錯，想到什麼說什麼，可是說完就忘。

一個樵夫在砍柴時，救了一頭被機關卡住的母熊。母熊非常感激樵夫，對他說：「您是我的救命恩人，如果有什麼需要我的，我會盡力而為。」

一天上山砍柴時，樵夫遇到老虎，幸虧熊捨命相救，方才躲過一劫。那天因為天色已晚，熊邀請樵夫到熊窩，安排他住了一宿，並以豐盛的晚餐款待他。翌晨，樵夫起身。熊吻了吻樵夫，說，「原諒我吧，兄弟，沒能好好地招待您。」

「不是這樣的，」樵夫回答，「招待得很好，但我唯一不喜歡的，就是你身上那股臭味。」

熊聽了怏怏不樂。他對樵夫說：「拿斧頭砍我的頭。」樵夫舉起斧頭輕輕打了一下。「砍重一點！」熊說完，搶過樵夫的斧頭使勁砍了一下，鮮血從熊頭上流出來，熊沒吭聲，樵夫就走了。

若干年後，樵夫在砍柴時遇見了熊。樵夫問：「你的傷口癒合了嗎？」

「什麼傷口？」熊問。

「我砍你頭留下的傷口。」

「噢，那次痛了一陣子，後來就不痛了，傷口癒合後，我就忘了。不過那次您說的話，就是您用的那個詞，我一輩子也忘不了。」

尖酸刻薄的話，傷在人的心裡，是看不見的暗傷。看得見的明傷好治療，看不見的暗傷難痊癒。嘴上損人只需一句

話，別人記恨或許是一輩子。良言一句三冬暖，惡語幾字六月寒。某高僧在給其弟子的一封信裡寫道：「禍從口出而使人身敗名裂，福從心出而使人生色增光。」它的意思是：有時說話的人並無惡意，但對聽者而言，卻可能是傷及其自尊心的惡語，所以勸誡人們，說話應謹慎，只說該說的話。

我們再來看看等級高的「壞嘴」。這些人是有一定知識層次的人，這種人看起來完全不像潑婦和莽漢那樣沒品德、缺乏教養，可要壞起來，十個潑婦比不上他：潑婦無非是匹夫之勇，而他卻是智者之謀。這類人最大的特點是：不露聲色，娓娓道來，拐彎抹角，可結果卻是讓別人難堪至極。

一八二五年，沙皇尼古拉一世剛剛登基，就爆發了一場反對他的叛亂。尼古拉一世平定了這場叛亂，並將抓獲的叛亂領袖李列耶夫判處絞刑。

在行刑的那一天，發生了一件奇怪的事情。李列耶夫在絞刑架上還沒有斷氣，勒在脖子上的繩索居然斷裂了！

在當時，執行絞刑時繩索斷裂被當成是上帝恩寵的旨意，犯人因此能夠得到赦免。

李列耶夫在恍惚中摔落在地，他睜開眼睛，看了看四周驚訝無比的圍觀者。在確定自己保住了性命後，李列耶夫掩蓋不住內心的喜悅，興奮地對著人群大喊：「你們看，在俄國他們不懂得如何正確做事，甚至連製造繩索也不會。」

一名信使立刻前往宮殿向沙皇報告行刑失敗的消息。雖然懊惱於這令人失望的變化，尼古拉一世還是依照慣例提筆簽署赦免令。

「奇跡發生之後，李列耶夫有沒有說什麼？」沙皇好奇地問信使。

「陛下，」信使便回答，「他說俄國人甚至不懂得如何製造繩索。」

「哦？這種情況下，」沙皇頓了頓，說，「我們有必要證明事實正好相反。」

於是沙皇撕毀了赦免令。

第二天，這個叫李列耶夫的幸運兒再度被推上絞刑臺。很顯然，這一次他的好運氣不會再來了，行刑人為他準備了條足以吊死一頭大象的繩索。

禍從口出，李列耶夫其實是死於自己「刻薄的嘴下」。不知道第二次站在絞刑架下的李列耶夫，是否會後悔當初的刻薄。

新北市蕭崇烈一家三口滅門血案，在警方鍥而不捨的偵緝後宣告偵破。凶嫌鄧笑文被捕後，供認自己因受經營堆高機生意的蕭崇烈「譏諷」而萌生殺機，並在行凶後擔心事情敗露，再殺其妻女滅口。

鄧笑文表示：兩個月前，死者蕭崇烈用刻薄的話刺激他、恥笑他，並用手指指他胸前，笑他「沒什麼用」，開堆高機那麼久了，仍然是「給人請（聘僱）」，不像其他開堆高機的人沒多久就當老闆了。對這樣的「譏諷」，鄧笑文懷恨在心，後來蕭某只要與他碰面，就不斷嘲笑他，以致使他萌生殺人洩恨之心。

據警方表示，凶嫌鄧笑文心智健全，但因受到對方不斷

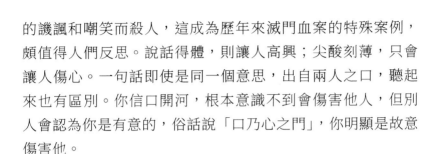

的譏諷和嘲笑而殺人，這成為歷年來滅門血案的特殊案例，頗值得人們反思。說話得體，則讓人高興；尖酸刻薄，只會讓人傷心。一句話即使是同一個意思，出自兩人之口，聽起來也有區別。你信口開河，根本意識不到會傷害他人，但別人會認為你是有意的，俗話說「口乃心之門」，你明顯是故意傷害他。

言辭引起衝突而萌生殺機的情況，其他民族亦有所聞。法國巴黎有一名「美食專欄作家」，經常在文章中特別讚譽某家餐廳，或嚴詞批評某些餐廳的菜餚。有一次，此專欄作家在專欄中對一餐廳的菜色做出了「像豬食一樣」的刻薄評論，以致激怒了餐廳老闆。該老闆事後特別邀請該美食專欄作家去試吃「精緻美味的佳餚」，不料美食專家吃完後暈倒在地，送到醫院時已經氣絕身亡。餐廳老闆被警方逮捕收押後，坦承自己故意在美食中下了毒，他說：「批評我們的美食像豬食的人都該死！」

在我們身邊，說話尖酸刻薄的人並不少見。這類人中甚至有的其實是「豆腐心」，只是管不住自己的嘴，讓刀子從嘴裡一把一把地飛出來。為什麼要字字句句直逼對方的要害呢？是為了突出自己的伶牙俐齒，還是為了顯示自己的權威？

三思而後行──這是古代聖賢留給我們處世的寶貴經驗。具體至說話，是讓我們在開口之前先想一想，掂量掂量：說出來能不能做得到？說出後有什麼效果？更重要一點，會不會傷人？如果傷人，能不能換一種方式說？

那些口才高手總是注意自我克制，努力避免心直口快、尖酸刻薄，絕不以傷人感情為代價而逞一時口舌之快。比如，有的人在工作中看到別人事情做不好時，他不會在旁邊指手劃腳，說三道四，更不會把別人攆走，以顯示他的能幹，而是很客氣地說：「我試試看怎麼樣？」這樣說，即使在接下來的工作中做不好也不會丟面子；如果做得好，即使別人嘴裡不說，心裡也會佩服他。尤其是他沒傷別人的面子，又替別人做好了事情，別人於是打從心底認為這個人「夠意思」，做人穩重、扎實，又有真本事。

馬克‧吐溫曾說：「我可以靠別人對我說的一句好話，高興兩個月 —— 這是很有意思的。」其實，你我又何嘗不是如此呢？既然我們的一句好話，就可能溫暖人心，贏得人心，那麼我們何不一試呢？須知，這也是在幫助我們自己啊！

承諾之前掂量自己

不要輕易許諾。傷害一個人很容易，就是許下諾言卻不去遵守。損壞自己的名譽也很容易，就是許下諾言卻不去遵守。

除了極少數故意用諾言來欺騙對方的人外，絕大多數人在許諾時是好心的、真心的。他們當時不存欺騙之心，只是後來卻因為各種原因，讓自己失信了。其中最常見的原因是客觀因素。

某大學一個系主任向本系的年輕教師許諾說，要讓他們之中三分之二的人評上中級職稱。但當他向學校申報時，出

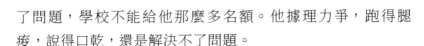

了問題，學校不能給他那麼多名額。他據理力爭，跑得腿痠，說得口乾，還是解決不了問題。

最後，職稱評定結果公布了，眾人大失所望，把系主任罵得一文不值。甚至有人當面指著他說：「主任，我的中級職稱呢？你答應的呀。」而校長也批評他是「本位主義」。從此，系主任在系裡信譽掃地。

這是一個典型的費力不討好，有苦說不出的失信案例。由此看來，有許多諾言是否能兌現，不只是決定於主觀的努力，還有一個客觀條件的因素。但失信就是失信，不管是主觀原因還是客觀因素，在別人眼裡都是失信。

因此，我們在工作與生活中，不要輕率許諾。許諾時不要斬釘截鐵地拍胸脯，要盡量留一定的餘地。當然，這種留有餘地是為了不使對方從希望的高峰墜入失望的深谷，而不是給自己不作努力埋伏筆。

除了客觀因素外，還有一些失信是因為主觀原因。有些人口頭上對任何事都「沒問題」、「一句話，包在我身上」，一副包山包海的模樣；可是，嘴上承諾，腦中遺忘，或腦中雖未遺忘，但不盡力，辦到了就大吹大擂，辦不到就假裝忘記（或許是真的忘記）。這種把承諾視作兒戲，是對他人的不負責行為，最要不得，遲早得被人所拋棄。

自古輕諾者必寡信。老子在兩千多年前就斷言：「夫輕諾者必寡信，多易者必多難。」輕易對別人許諾，說明你根本就沒詳細考慮事情可能遇到的種種困難。這樣，困難一來，你就只會乾瞪眼，而給人留下「不守信用」的印象。許諾愈

多，問題愈多。

我們答應幫別人辦事，先要看自己能不能辦到。對於那些有點權力的人更應該注意，因為你有權，託你辦事的人一定多，這時你應該講點策略，不能輕易答應別人。有的人託你辦的事可能不符合政策；這樣的事最好不要許諾，且要當面跟朋友解釋清楚，不要給朋友留下什麼印象。不然，朋友會認為你不幫忙辦事。有的朋友找你辦的事可能不違反政策，但確有難度，就跟朋友說明，這件事難度很大，我只能試試，辦不辦的成很難說，你也不要抱太大希望。最好的承諾是實事求是地告訴對方：自己有多少把握。這樣做是給自己留有餘地，萬一辦不成，也會有個交待。

當然，對於那些舉手之勞的事情，還是應該答應的。只是在答應之後，無論如何也要辦好，不可今天答應了，明天就忘了，待朋友找你時，你會很難堪的。

我們在這裡強調不要輕率地對朋友做出許諾，並不是一概不許諾，而是要三思而後行。盡量不說「這事沒問題，包在我身上」之類的話，留給自己一點餘地。順口的承諾，只是一條會勒緊自己脖子的繩索。

為人處世，應該講究言而有信，行而有果，因此，不可隨意承諾。聰明的人會事先充分地衡量客觀條件，盡可能不做那些沒有把握的承諾。須知，承諾了就必須努力做到，千萬不可因一時事急，亂開「空頭支票」，愚弄對方。因為你一旦食言，對方一定會十分生氣。

萬一因情況有變而無法實現自己本來的承諾，也應向對

方說明原委，並誠懇地道歉，以求得對方的原諒和理解。

話一說絕則行無後路

人因為太過自信，或情緒處於非常狀態中，最容易把話說得太滿、太死、太絕對。

《左傳》中記述了這樣一個故事：鄭莊公二十二年（西元前七二二年），鄭莊公的母親武姜支持鄭莊公的弟弟共叔段發動叛亂。鄭莊公對於母親的行為非常憤怒，立下毒誓與母親武姜「不及黃泉無相見」。平定叛亂後不久，冷靜下來的鄭莊公後悔了自己的毒誓 —— 畢竟是自己的親生母親，血濃於水。他想見自己的母親，但有苦於自己發過的誓，不能違背。好在他的部下穎考叔幫他出了一個主意：「掘地及泉，隧而相見。」方才解了鄭莊公思念母親的痛苦。

因為一句話，不得不付出大量的人力物力「掘地及泉」來彌補。把話說得太滿太死的代價真是太大了。好在鄭莊公高居廟堂，要人有人、要物有物，否則他還真的除了食言想不出別的方法去見自己的母親了。

前事之師，後世之鑑。可惜時至今日，把話說得絕對的現象，在我們的生活中仍屢見不鮮。諸如「這樣若成功，我就不姓 ×」或「除非……否則我絕不……」之類的句式，在你我的口中，多少會出現。朋友小李在公司裡因為工作問題和同事產生爭執，小李要用 A 方案，他的同事要用 B 方案。爭來爭去誰也說服不了誰，於是決定按照各自的方案做。本來說好分頭行事，小李卻忍不住甩下一句：「你的方案絕對不

行，要是成功了我不再姓李，我跟你姓！」後來的事實讓小李非常尷尬：他自己的方案失敗了，而同事的方案成功了。小李當然不可能真的改自己的姓，同事也沒有再提小李改姓的事。但小李明顯感覺到周圍其他同事對自己的冷淡。三個月後，同事升為部門主管，小李只得選擇辭職。

　　生活中有很多事情我們無法預料它的發展態勢，有的也不了解事情的發生背景，切不可輕易地下斷言，不留餘地，使自己一點挽回的餘地都沒有。

　　不少人會反感一些政府官員在面對記者採訪時老是用一些模糊語言，如：可能、盡量、研究、或許、評估、徵詢各方面意見……。其實，他們之所以運用這些字眼，就是想為自己留有餘地。否則一下把話說死了，結果是事與願違，那該多難堪啊！

　　那麼，怎麼樣才能為自己留有餘地呢？

　　首先，答應別人的請託時要三思，這個話題我們前面說過了，在此不再贅言。其次，與人交談不要口出惡言，更不要說出「勢不兩立」之類的話；除非有殺父奪妻之仇。不管誰對誰錯，最好是閉口不言，以便他日如攜手合作時還有「面子」。再者，不要把人看扁了。像「這個人完蛋了」，「這個人一輩子沒出息」之類屬於「蓋棺定論」的話最好不要說。人的一輩子很長，變化也很多。

　　話莫說絕，要留餘地。言不至於極端，行就不會被逼絕境。《菜根譚》中有云：天道忌盈業不求滿。意為事事要留個餘地，如是則「造物不能忌我，鬼神不能損我。若業必求

滿，功必求盈，不生內變，必招外憂。」

萬一說錯了怎麼辦

　　寫錯的字可以塗改，說錯的話卻如飛出去的箭無法回頭，因此，我們在說話時要謹防失當。但世上沒有打仗的常勝將軍，說話亦如此。下面我們將談談在言語失當時，該如何巧妙化解的幾種招數。

>>1. 及時改口

　　歷史上和現實中，許多能說會道的名人在失言時仍死守自己的城堡，因而慘敗的情形不乏其例。比如一九七六年十月六日，在美國福特總統（Gerald Rudolph Ford）和卡特（Jimmy Carter）共同參加的、為總統選舉而舉辦的第二次辯論會上，福特對《紐約日報》記者馬克斯·佛郎肯關於波蘭問題的質問，作了「波蘭並未受蘇聯控制」的回答，並說「蘇聯強權控制東歐的事實並不存在」。這一發言在辯論會上屬明顯的失誤，當時立即遭到記者反駁。但反駁之初，佛朗肯的語氣還比較委婉，意圖給福特更正的機會。他說：「問這一件事我覺得不好意思，但是您的意思是肯定蘇聯沒有把東歐化為其附庸國？也就是說，蘇聯沒有憑軍事力量壓制東歐各國？」

　　福特如果當時明智，就應該承認自己失言並偃旗息鼓，然而他覺得身為一國總統，面對著全國的電視觀眾認輸，絕非善策，於是繼續堅持，一錯再錯，最後為那次即將到手的

當選付出了沉重的代價。刊登這次電視辯論會的所有專欄、社論都紛紛對福特的失策作了報導，他們驚問：

「他是真的傻瓜呢？還是像隻驢子一樣的頑固不化？」

卡特也乘機把這個問題再三提出，鬧得天翻地覆。

高明的縱橫家在被對方擊中要害時絕不強詞奪理，他們或點頭微笑，或輕輕鼓掌。如此一來，觀眾或聽眾弄不清他葫蘆裡藏的什麼藥。有的從某方面理解，認為這是他們服從真理的良好風範；有的從另一方面理解，又以為這是他們不屑辯解的豁達胸懷，而究竟他們認輸與否尚是個未知的謎。這樣的縱橫家即使要說也能說得很巧，他們會向對方笑道：「你講得好極了！」

美國前總統雷根（Ronald Wilson Reagan）訪問巴西時，由於旅途疲乏，年歲又大，在歡迎宴會上，他脫口說道：

「女士們，先生們！今天，我為能訪問玻利維亞而感到非常高興。」

有人低聲提醒他說溜了嘴，雷根忙改口道：

「很抱歉，我們不久前訪問過玻利維亞。」

儘管他並未去玻利維亞。當那些不明就裡的人還來不及反應時，他的口誤已經淹沒在後來的滔滔大論之中了。這種將說錯的地點時間加以掩飾的方法，在一定程度上避免了當面丟臉，不失為補救的有效手法。只是，這裡需要的是及時發現、改口巧妙的語言技巧，否則要想化解難堪也是困難的。

>>2. 巧妙轉換話題

錯話一說出口，可在簡單的致歉之後立即轉移話題，有意借著錯處加以發揮，以幽默風趣、機智靈活的話語改變現場的氣氛，使聽者隨之進入新的情境中去。

曾有一個剛畢業的大學生去某合資公司求職，一位負責接待的先生遞名片過來。大學生神情緊張，匆匆一瞥，脫口說道：「滕野先生，您身為日本人，拋家別舍，來華創業，令人佩服。」那人微微一笑：「我姓滕，名野七，道地的中國人。」大學生面紅耳赤，無地自容，片刻後，神志清醒，誠懇地說道：「對不起，您的名字使我想起了魯迅先生的日本老師──藤野先生。他教給魯迅許多為人治學的道理，讓魯迅受益終生。希望滕先生日後也能時常指點我。」滕先生面帶驚奇，點頭微笑，最終錄取了他。

>>3. 將錯就錯

這種方法就是在錯話說出口之後，能巧妙地將錯話接續下去，最後達到糾錯的目的。其高妙之處在於，能夠不動聲色地改變說話的情境，使聽者不由自主地轉移原先的思路，不自覺地順著我之思維而思維，隨著我之話語而調動情感。

紀曉嵐稱皇上為「老頭子」，不巧被皇上聽到，龍顏大怒。紀曉嵐急中生智，說：「皇上萬歲，謂之『老』；貴為至尊，謂之『頭』；上天之子，謂之『子』。」皇上聽了，轉怒為喜。

紀曉嵐的將錯就錯令人叫絕。錯話出口，索性順著錯處接下去，反倒巧妙地改換了語境，使原本輕慢的失語化成了

尊敬的稱呼，頗有些點石成金之妙。

>>4. 借題發揮

素有「東北虎」之稱的張作霖雖然出身草莽，卻粗中有細，常常急中生智，突施奇招，使本來糟透了的事態轉敗為勝。

有一次，張作霖出席名流集會。席上不乏文人墨客和附庸風雅之人，而張作霖則正襟危坐，很少說話。席間，有幾位日本浪人突然聲稱：「久聞張大帥文武雙全，請即席賞幅字畫。」張作霖明知這是故意刁難，但在大庭廣眾之下，「盛情」難卻，就滿口應允，吩咐筆墨侍候。這時，席上的目光全都集中在張作霖身上，幾個日本浪人更是掩飾不住譏諷的笑容。只見張作霖瀟灑地踱到桌案前，在滿幅宣紙上，大筆揮寫了一個「虎」字，左右端詳了一下，倒也勻稱，然後得意地落款「張作霖手黑」，躊躇滿志地擲筆而起。

那幾個日本浪人面對題字，一時丈二和尚摸不著頭腦，不由得面面相覷。其他在場的人也是莫名其妙，不知何意。

還是機敏的隨會祕書一眼發現了紕漏，「手墨」（親手書寫的文字）怎麼成了「手黑」？他連忙貼近張作霖身邊低語：「大帥，您寫的『墨』字下少了個『土』，『手墨』寫成了『手黑』。」張作霖一瞧，不由得一愣，怎麼把「墨」寫成了「黑」啦？如果當眾更正，豈不大煞風景？還要留下笑柄。這時全場一片寂靜。

只見張作霖眉梢一動，計上心來，他故意大聲呵斥祕書道：「我還不曉得『墨』字下麵有個『土』？因為這是日本人

索取的東西，不能帶土，這叫寸土不讓！」語音剛落，立即贏得滿堂喝彩。

那幾個日本浪人這才領悟出意思來，越想越覺得沒趣，又不便發作，只得悻悻退場。

>>5. 自己批駁

這個方法很簡單，也很有實效。比如：「我認為公司的發展在近期不理想……」說著說著，發現自己把意思說反了。這時，可以停下來，問：「大家認為這個看法對嗎？」不等別人回答，自己馬上搶先給出答案：「很顯然，這個看法是錯誤的。」然後再針對自己之前的口誤進行批駁，別人還以為你開始的說辭是故意在給自己扯後腿，哪會想到你是口誤？

有位主管在記者面前說了這樣的話：「去海南旅遊要小心，各種陷阱太多，旅遊業不規範。」說完後感覺不妥，忙改口：「這是網路上部分網友的觀點，我認為是片面的。首先……。」一句差點釀成禍的話，就這樣巧妙化解了。

世界上無法留住的三樣東西：飛出去的箭、說出去的話和逝去的光陰。

第十三章

少說，直奔靶心的小李飛刀

相傳，有個年輕人欲拜古希臘有名的哲學家兼演講家蘇格拉底為師，學習演講術。年輕人為了表示自己是一個可造之才，滔滔不絕地講了許多話。蘇格拉底靜靜地聽完，跟他要雙倍的學費。年輕人有點莫名其妙，問道：「為什麼我要付雙倍呢？」蘇格拉底說：「因為我得教你兩樣功課，一是怎樣閉嘴，另外才是怎樣演講。」

蘇格拉底言簡意賅，傳遞給我們的意思是：話貴精而不在多。因此，在學習縱橫口才的時候，我們還得學習一門少說話甚至不說話的必修課程。古人所謂「風流不在談鋒健，袖手無言味最長」，說的也是這個意思。

少說與不說，與提高口才並不矛盾，山不在高，有仙則靈；話不在多，到位就行。說得到位，一句可以頂別人十句、百句。再說，話多了別人反而迷失在你紛繁的資訊之中，達不到有效的資訊傳播，而從機率的角度來說，話說得多，在絕對數值上出的漏洞與錯誤就會多。

「哼哼哈哈」耍大刀的，亂砍一通，人累得喘不過氣，也沒挨到對方的邊。而一箭中的的口才，如同江湖有名的小李飛刀，心閒氣定，輕手微揚，彈無虛發。

作家簡短的獲獎感言

記得有位作家領一個文學獎時，說了這樣的獲獎感言：

「瓜田裡有很多瓜，我是一個瓜，並不比別的瓜大、瓜好，只是長在路邊上，被人發現了。」

作家將自己比作普通的瓜，被人發現只不過是運氣好而已，謙遜、雅致而又幽默。感言短小，卻涵義深刻，讓人聽後難忘。相較來說，有些人的致辭長篇大論、泛泛而談，效果反而不好。

有分量的話，不在於多，而在於精。

一句話的威力有多大

兩千多年前，凱撒大帝在一舉擊潰帕爾納凱斯的軍隊時，給朋友的捷報只用了三個拉丁詞：「Veni, Vidi, Vici!」翻譯成中文就是：「我來了，我看見了，我征服了！」用詞簡潔得不能再簡潔，卻傳遞了勝利的資訊，以及他志得意滿的心情與豪氣干雲的狀態。

提高口才的終極目標，是為了高效推銷自己的思想。如果能很快很準確地把話說在關鍵處，把力用在點子上，你就是一個贏家。

如果要評歷史上的《富比士（Forbes）》富豪榜，和珅大概是一個爭奪首富的熱門人選（皇帝不參與角逐）。在嘉慶四年查抄這個首富時，估算其總資產約有 8 億兩白銀以上。乾隆末年國家財政每年的實際收入大概是七千多萬兩白銀，和珅的財產相當於清朝盛世十多年的財政收入。這個數目真是大得匪夷所思。

和珅的發跡，和一句話有莫大的關係。他屢次應舉不中，就透過關係成為協助管理皇帝鑾輿、儀仗的侍衛。依照現在的話說，也就是一個元首的司機組成員。有一次，乾隆

皇帝出宮。起行之際，倉猝間找不到御用的黃龍傘蓋。乾隆很生氣，借用《論語》上的一句話發問：「是誰之過歟？」在場者面面相覷，不知如何回答。此時和珅卻立刻站出來答道：「典守者不得辭其責。」

乾隆皇帝很吃驚，因為《四書》上對上句話的注解是：「豈非典守者之過邪？」這裡，和珅變通得自然貼切。乾隆皇帝是一個很愛才的人，當場就把和珅叫過去詢問。而和珅回答得很得體，讓乾隆皇帝很滿意。

就這樣，和珅透過這一句話獲得了乾隆皇帝的青睞，讓他總管儀仗隊。不久，又升為御前侍衛兼副都統，管理宮中的瑣碎事務。就這樣，和珅成了乾隆最貼身的人。再後來，他透過努力，化貼身為貼心。

可以說，和珅適時的一句話，拉開了他平步青雲的序幕。當然，和珅的貪腐應該抨擊，但其過人的口才卻值得我們學習。口才無罪，有罪的是他的貪婪。

有人用三個字傳遞捷報，有人憑一句話平步青雲。還有人用一句話來作演講。在我們的印象中，演講應該是長篇大論、旁徵博引、縱橫捭闔，才能把事情說清，把觀點講透。但合適的一句話演講，也能起到有過之而無不及的效果。

一九三六年十月，鄒韜奮先生在上海各界公祭魯迅先生的大會上發表演講，就只有一句話：「今天天色不早，我願用一句話來紀念先生：許多人是不戰而屈，魯迅先生是戰而不屈。」

依照常理，萬人景仰的魯迅先生逝世，悲痛與緬懷的感

情就是千句萬句也說不完。但鄒韜奮先生只用了一句話，而在這一句話裡蘊含著勝過千萬句的內容——既有對當時政治戰線、思想戰線、文化戰線上「不戰而屈」的投降派的譴責，又有對魯迅先生「橫眉冷對千夫指」，勇敢戰鬥，絕不屈服的可貴品格的讚頌。「不戰而屈」和「戰而不屈」，同樣四個字的不同組合，成為衡量一個人有沒有硬骨頭精神的試金石。這極其精煉的一句話演講，巧妙地採用了鮮明的對比，使卑微者更渺小，使高尚者更偉大，儘管只是一句話，卻激發了人們奮起抗爭的勇氣，鼓舞人們以魯迅先生為榜樣，挺身而出，戰鬥不止。

延伸閱讀

　　北宋真宗年間，北宋與西夏邊界戰事連綿。地處邊界的渭州，處於這場戰事的好發地。當時渭州知州是曹瑋。此人處事穩健，足智多謀。

　　有一天，曹瑋大宴賓客，一名士兵慌慌張張跑進來，大聲報告：「大事不好，幾十名士兵叛逃到西夏去了。」

　　聽到這個消息，眾將官和賓客面面相覷，曹瑋也暗吃一驚。但曹瑋身為主帥，舉止失措有可能動搖軍心。他故意壓低聲音說：「不要驚慌，那是我特意派過去的。」

　　宴席散後，人多嘴雜，曹瑋的話很快就以情報的方式傳到西夏人耳裡。西夏人如獲至寶，以為逃跑過來的宋營士兵都是奸細，立即一個不留的全殺了，並把這些人的頭拋到宋營的邊境。

　　曹瑋這一句話，如同一支利箭，既安撫了軍心，又殺掉了叛逆，還除去了對方的力量。這一箭，真可謂一箭三雕。

嘴長在你的身上，喋喋不休廢話一筐最不可取，滔滔不絕言之有物令人欽佩。而有的人，在適當的場合，把自己的意思恰當地濃縮成一句話，猶如一顆原子彈，能起到摧枯拉朽的作用。

簡明乾脆，一語中的

有理不在話多。對於那些口才高超的人，除非萬不得已，否則盡量不會與別人周旋繞圈，而是抓住關鍵，簡明乾脆、一語中的。

法拉第（Michael Faraday）為了證實「磁能產生電」，在大廳裡對著許多賓客表演，只見他轉動搖柄，銅盤在磁極間不斷地旋轉，電流錶指針漸漸偏離零位。客人們讚不絕口，只有一位貴婦人不以為然。

貴婦人問：「先生，這玩意兒有什麼用？」

法拉第回應：「夫人，新生的嬰兒又有什麼用呢？」

人群中爆發出一陣喝采聲。

針對貴婦人取笑式的問話，法拉第來了一個反問。

眾所周知，新生嬰兒是有著強大的生命力的，這個比喻是如此的貼切，難怪賓客們要喝采了。後來，他的預言也確實完全被科學所證實。

英國人波普說：「話猶如樹葉，在樹葉太茂盛的地方，很難見到智慧的果實。」

清代畫家鄭板橋有詩云：「削繁去沉留清瘦，畫到生時

是熟時。」當今語言大師們認為：言不在多，達意則行。可見，用最少的字句包含盡量多的內容，是講話水準的最基本要求。滔滔不絕、出口成章是一種「水準」，而善於概括、詞約旨豐、一語中的同樣是一種「水準」，而且更為難得。很顯然，縱橫口才追求的是後一種「水準」。

有人問馬克·吐溫，演講辭是長篇大論好，還是短小精悍好，他沒有直接回答，而是講了一個故事。

「有個禮拜天，我到教堂去，適逢一位傳教士在那裡用令人哀憐的語言講述非洲傳教士苦難的生活。當他說了五分鐘後，我馬上決定對這件有意義的事情捐助五十元；當他接著講了十分鐘後，我就決定把捐助的數目減至二十五元；當他繼續滔滔不絕地講了半小時後，我又決定減至五元；最後，當他講了一個小時，拿起缽子向聽眾哀求捐助並從我面前走過的時候，我卻反而從缽子裡偷走了二元。」

這個幽默故事告訴我們，講話還是短一點、實在一點好，長篇大論、泛泛而談容易引起聽眾的反感，效果反而不好。

林肯在蓋茲堡的演講被譽為美國歷史上最優美的一篇演說辭！全篇只有十句話，兩百七十一個字，僅用了兩分鐘，卻成為林肯一生不朽的紀念！

我們知道，上林苑是古代皇帝打獵消遣的園林。上林苑占地很大，可謂皇家氣派十足。漢朝丞相蕭何，有一次向漢高祖劉邦建議將上林苑中的大片空地讓給老百姓耕種。

劉邦一聽，不樂意了，皇家的娛樂場所怎麼能對外開

放？劉邦認為，蕭何膽大包天居然要來動皇家腳下的土，一定是收受了老百姓的大量錢財，才這樣為他們說話辦事的。於是蕭何被捕入獄，同時接受審查準備治罪。

在皇權至上的時代，皇上開了金口要處置誰，下面的人自然心領神會，不惜用大刑伺候也要辦出一個「經得起歷史考驗的鐵案」。就在這緊要關頭，劉邦旁邊的一位侍衛官上前向劉邦進言：「陛下是否還記得當年楚漢相爭，以及後來剷除叛軍的時候嗎？那幾年，皇上在外親自帶兵討伐，只有丞相一個人駐守關中，關中的百姓非常擁戴丞相。假如丞相稍有利己之心，那麼關中之地就不是陛下的了。您認為，丞相會在一個可謀大利而不謀的情況下，去貪百姓和商人的一點小利嗎？」

這話簡短，卻從楚漢相爭時期談到當今。簡短的幾句話，句句擊中要害。劉邦儘管心裡有火，但也不得不承認侍衛官說得在理。於是當天便下令赦免蕭何。

周勃和蕭何一樣，也做過宰相。呂后亂政時，周勃曾經幫助漢室剷除呂后的勢力，迎立漢文帝，可謂功勳卓著。可後來他罷相回到自己的封地後，一些素來忌恨周勃的奸偽小人便趁機向漢文帝誣告周勃圖謀造反。漢文帝竟然也相信了，急忙下令廷尉將周勃逮捕入獄，追查治罪。按漢代當時的法律，凡是圖謀造反者，不但本人要處死，而且要滅家誅族。就在周勃大禍臨頭的時候，薄太后出來勸文帝說：「皇上，周勃要謀反，何必等現在，在您未登基時，先皇留給你的玉璽都在他手上，那時他還手握精兵，要反早就反了。但是他一心忠於漢室，幫助漢室消滅了企圖篡權的呂氏勢力，

把玉璽交給陛下。現在罷相回到自己的小封國裡居住，怎麼會反而在這個時候想謀反呢？」

漢文帝一聽這話，對呀，有道理呀。於是所有的疑慮都沒了，並立即下令赦免了周勃。

我們看上面兩人對皇帝的分別進言，完全是簡明乾脆地一箭中的。若東拉西扯地找論據來為兩個苦主辯白，可以找來很多。但多不精，太多的論據說來說去都沒有讓人信服的一條，別人聽了會厭煩。就算其中有那麼一條兩條有說服力的，也容易淹沒在論據的海洋之中，還不如單拿出來加以說明，反而更加令人信服。

要擁有從繁雜事物中選取最有說服力的論據之能力，這當然需要說話者擁有銳利的眼光、豐富的知識，以及嚴密的邏輯思維。這些，都需要透過後天的學習與鍛鍊才能逐漸積累起來。否則，腹內空空，即使想簡潔也不知道如何簡潔，即使想說到位也表達不到位。

話多容易嚼到舌頭

夜路走多了，自然容易碰上鬼；說話說多了，自然容易嚼到自己的舌頭。曾國藩曾說過：「人生壞事的兩個因素，一是自傲，二是多言。多言生厭，多言招禍，多言致敗，多言無益。」

《笑林廣記》中有一笑話，可能大家都聽說過。說有人在家設宴款待幫助過他的人，一共請了四位客人。將近晌午，還有一人未到。於是自言自語道：「該來的怎麼還不來？」，

一聽到這話,一位客人心想:「主人這麼說,那麼我是不該來了?」於是起身告辭。主人很後悔自己說錯了話,便道:「不該走的又走了。」另一位客人心想:「難道是說我是該走的了?」也起身告辭。主人因自己說話不周把客人氣走了,十分懊悔。妻子也埋怨他不會說話,於是他辯解道:「我說的不是他們啊。」最後一位客人一聽這話,心想「不是他們!那只能是我了」,於是嘆了口氣,也走了。

這則笑話當然有些誇張。將生活中常見的事情誇張化,是形成笑話的一個重要手法。但笑話歸根到底也是如藝術一般,儘管高於生活,但來源於生活。在我們身邊,有一些人講起話來喋喋不休,看起來似乎是伶牙俐齒,但經過仔細琢磨你就會發現原來此人言之無物;有的人出言看似高深,但言語晦澀,聽得你一頭霧水;有的人口若懸河,滔滔不絕,但實際上是虛張聲勢的空話;有的人辭藻華麗、巧言諂媚,實際是譁眾取寵。而生活中有些人惜言如金,但言之既出則一針見血;有的人語言簡練,但卻深入淺出,言之有理。

《鬼谷子‧本經符》中有云:「言多必有數短之處。」這就是成語「言多必失」的出處。為什麼言多必失,我們可以從兩個角度來分析這個問題。首先,任何一個人都客觀存在一定的語言失誤率,從機率的角度來說,「言」的基數愈大,失誤的絕對數目就會愈大;其次,言語過多,難免把時間與精力側重在說上,給思考留的時間與精力過少,必然會增加了語言的失誤率。

我們從小被教育做人要「知無不言,言無不盡」,意思是知道的就要說,說就要毫無保留地說。但長大後卻發現,這

句箴言是有問題的。首先，什麼是「知」，是「真知」還是你所「知」？其次，如果什麼都「知無不言，言無不盡」的話，人豈不成了一臺不知停歇的喇叭？再者，無所顧忌的「言」，難免變成傷人的刀。

鄰居老張和妻子打架，使老張臉上掛彩。有好事者問你老張傷從哪來。你「知無不言」地說明理由，有必要嗎？然後還「言無不盡」地傳播他們之所以打架的原由，不是多事嗎？回答一句「不太清楚耶」，不是很好嗎？要是好事者繼續誘導你：「聽說是老張妻子發飆……。」你裝糊塗，一句「是嗎？我不清楚」給打發了，不是很好嗎？

聰明的人，在非原則問題上懶得計較，在細小問題上懶得去糾纏，對不便回答的問題佯裝不懂，對有損自身的問題假裝不知，以理智的閉嘴化險為夷，以聰明的閉嘴平息可能發生的種種矛盾。一個人唯有靜下心來，才能集中精力，才能心地空澄，才能明察秋毫之末，才能多聽、多看、多想，才能不鳴則已，一鳴驚人。而且，因為你恰如其分的閉嘴，無疑給別人留下了足夠廣闊的表演空間，而你則是一個好聽眾、好觀眾，這樣無疑是會贏得別人的好感與尊重的。

沉默也是一種說服力

有時候，不說話比說話更有說服的力量。例如當愛人處於極度悲痛之中時，摟她入懷，讓她靠在自己的肩上，也許比任何口頭的安慰更有力量。當孩子闖了禍，一個關切與憂心的注視，或許更能讓他下不為例。記得在一部反映美國獨

立戰爭的電影中，一場殘酷的攻堅戰將要在荒原上展開，所有的將士都知道這一仗將無比兇險，將會有無數戰友有去無回。將軍最後一次檢閱他的部隊。他從一整齊的方陣前緩緩走過，眼裡噙著淚水，注視著眼前如他兒子般年輕的臉龐，似乎要將每一張臉都鎊刻在腦海。這名將軍自始至終沒有說一句話，但他的舉動震撼了每一位士兵的心靈。士兵們發出震耳欲聾的喊聲：「自由萬歲！」然後在將軍的揮手之下，如猛虎般朝敵陣發起了攻擊。在那場決定整個戰爭勝負的慘烈戰役中，他們發起一次又一次的攻擊，終於用鮮血凝成了勝利。

這就是沉默的力量！無聲卻勝有聲的力量！它如大地、高山、黑夜、石頭、平靜的湖水……，在我們這個喧囂繁鬧的時代，很多人已經遠離了沉默。他們認為，沉默會使別人把自己看得懦弱、害羞、卑微、愚蠢、平凡。於是人們即使心裡恐慌無比，一無所知、手足無措也要大聲嚷嚷，也要憤怒一下。其實，真正自信的人是沉默的。他的力量在沉默中你就會明顯地感覺到。

有這樣一段關於沉默的描述，墨子與公孫班探討「非攻」之學問。

公孫班：「我知道怎麼對付你，但是我不說。」

墨子：「我也知道怎麼對付你，我也不說。」

兩個都不說的人，用沉默來完成了心靈的碰撞，是一種智慧的較量。它無疑展現了高瞻遠矚和大澈大悟的成竹在胸。

臺灣有一個經營印刷廠的老闆，在商場打拚多年後萌生

了退休的念頭。他本來從美國購進了一批印刷機器，經過幾年使用後，扣除磨損費應該還有兩百五十萬美元的價值。他在心中打定主意，在出售這批機器的時候，一定不能以低於這兩百五十萬美元的價格出讓。有一個買主在談判的時候，針對這臺機器各種問題滔滔不絕地講了很多缺點和不足，這讓印刷廠老闆十分生氣。但是他在剛要發脾氣的時候，突然想起自己兩百五十萬美元的底價，於是又冷靜了下來，一言不發，看著那個人繼續滔滔不絕。結果到了最後，那人將機器貶損得一無是處後，這麼說：「嘿，老兄，我看你這些機器我最多只能給三百五十萬元。」於是，這個老闆很幸運地比計畫多賺了整整一百萬美元。

說話的藝術，同時也包含不說話的藝術。荀子說：說話而恰當是智慧，沉默而恰當也是智慧。西方也有一句名言：聰明的人借助經驗說話，而更聰明的人根據經驗不說話。

在佛教裡，「沉默」具有其特殊的意義。當年文殊法師問維摩詰有關佛道之說時，維摩詰一言不發。維摩詰的沉默，在後來的禪師們看來「如雷聲一樣使人震耳欲聾」。這種「如雷的沉默」，猶如颱風中心，看似無聲無力，卻是力量的源泉。如果我們拋開略顯晦澀的禪宗教義，從老子的「大辯若訥」以及莊子的「不言而言」中，都可以感知古代先賢對於沉默的推崇。

值得指出的是，對沉默是金這句話當然也不應機械地去理解。什麼都不表態，什麼都保持沉默，並非一種積極向上的人生態度。成天板著臉，冷冰冰地讓人難以靠近、難以捉摸，裝酷或許可以，但酷得遠離了生活。沉默要恰到好處。

火候不足，內不足以修心養性，外不足以親切感人；火候過大，顯然已是身如槁木，心若死灰，又何來生趣呢？

總之，我們不能因為沉默而沉默，沉默不是最終的目的。沉默的最終目的是把話說好。只有這樣，沉默方才是金。

山不在高，有仙則靈；話不在多，到位就行。說得到位，一句可以頂別人十句、百句。

第十四章

詭辯，江湖最邪門的格鬥

某寢室中的這麼一則辯論——

張三:「愛情與一碗稀飯相比,哪個好?」

李四:「當然愛情好,『生命誠可貴,愛情價更高』,沒有東西比愛情好。」

張三:「既然『沒有東西』比愛情好,而一碗稀飯總比『沒有東西』好,所以,稀飯要比愛情好。」

怎麼樣? 這樣的口才讓人嘆為觀止吧?

其實,張三在辯論中用的是一種典型的詭辯術,詭辯說起來似乎有陰謀詭計的意思,不太光彩。但正如因為壞人擁有武器,所以好人必須擁有武器一樣,學點詭辯並沒有什麼壞處,進則可以駁斥無賴,退則可以防守別人的詭辯,何況詭辯還兼有娛樂朋友、提升氣氛、鍛鍊思維的功效。

詭辯集錦

其一:

人站在二樓——

一次扔一粒稻穀,落地時聽不到響聲,

一次扔兩粒稻穀,落地時也聽不到響聲,

一次扔三粒稻穀,落地時還是聽不到響聲⋯⋯。

依此類推,一次扔一萬粒稻穀,落地時也聽不到響聲。

其二:

有個旅客憤怒地找旅館老闆,說:「你們的廣告騙人!

你們寫著從車站到旅館只需十分鐘，可我走了整整一個小時！」

「別生氣，先生。」旅館老闆慢條斯理地說，「你誤會了，我們並沒有寫錯，那是專指開車的人。」

其三：

「起來吧，張三，公雞早就叫了。」李四喊。

「這關我什麼事？我又不是母雞！」張三回答。

究竟什麼是詭辯

《孫子兵法》的開篇是〈始計篇〉，〈始計篇〉的第一句話是「兵者，詭道也」。開宗明義，指出用兵打仗是一種詭詐的行為，戰爭中，詭詐是戰爭的必然。

口才上的交鋒，其激烈程度在某些時候並不亞於戰爭。因此，孫子所謂的「詭道」也在口才的交鋒中屢見不鮮。關於什麼是詭辯，德國哲學家黑格爾曾給了精闢的解說。他說，詭辯是「以任意的方式，憑藉虛假的根據，或者將一個真的道理否定了，弄得動搖了，或者將一個虛假的道理弄得非常動聽，好像真的一樣」。詭辯是智慧的角逐，是語言的較量。在縱橫口才中，當然少不了詭辯之術。

對於詭辯的具體涵義，用學術的語言來解釋也許太抽象了。我們不妨透過閱讀下面兩則短文，從形象的角度加深理解。

有一天，兩個學生去請教他們的哲學教授：「教授，究竟

什麼叫詭辯呢？」

教授想了一會兒，說：「有兩個孩子，一個很愛乾淨，一個很髒。媽媽要幫他們兩個人洗澡，你們想想，他們兩人中誰會去洗呢？」

學生甲脫口而出：「那還用說，當然是那個髒的。」

教授搖頭說：「不對，是乾淨的去洗，因為他養成了愛清潔的習慣；而髒人卻不當一回事，根本不想洗。你們再想想看，是誰去洗澡了呢？」

學生甲連忙改口：「愛乾淨的！」

「不對，是髒人，因為他需要洗澡。」教授反駁後再次問學生：「這樣看來，誰洗澡了呢？」

「髒人！」學生甲已經不敢回答了，學生乙回答。

「又錯了，當然是兩個都洗了。」教授說，「乾淨的有洗澡的習慣，髒人有洗澡的必要，怎麼樣，到底誰洗了呢？」

兩個學生如釋重負，異口同聲地說：「是兩人都洗了。」

「又錯了。」教授笑道，「兩個都沒有洗。因為髒人不愛洗澡，而乾淨人不需要洗。」

「老師，你好像每次都說得有道理，可每次的答案都不一樣，我們該怎麼理解呢？」學生完全迷糊了。

「這很簡單。你們看，這就是詭辯。」教授微笑著說。

洗澡與否的衡量標準在教授手裡，他將標準變來變去，使自己永遠立於不敗之地。我們再來看一則生活中的詭辯。

有一個男子在熱鬧的市集上賣烏龜。

「賣烏龜！賣烏龜！鶴壽千年，龜壽萬年。活一萬年的烏龜，便宜賣啦！」

有個人聽說這烏龜能活一萬年，就買了一隻。可第二天一看，烏龜居然死了。

於是，這個人氣呼呼地跑到市集上，找到那個賣烏龜的人，氣憤地指責：「你這個騙子！你說烏龜能活一萬年，可牠只活了一個晚上就死了！」

賣烏龜的男子聽了，笑哈哈地答道：「先生，這樣看來，昨天晚上牠剛好活滿一萬年。」

這裡男子說的「這隻烏龜昨天晚上剛好活滿一萬年」顯然是沒有根據的，但是要證明他的話沒有根據，卻很難拿出十分充足的理由。男子正是利用這一點來為烏龜的死進行詭辯的。

怎麼說都有道理

《夢溪筆談》載：王元澤小時候，曾見一客人持有一個大籠子，裡面有兩個動物。客人告知他籠內一獐一鹿，並問道：

「哪個是獐，哪個為鹿？」

王元澤哪裡知道，但他馬上就給出了答案：「獐邊上的是鹿，鹿邊上的是獐。」

儘管王元澤沒有分辨出獐和鹿，但他的推諉搪塞之辭卻贏得了客人們的讚許。

一九七二年季辛吉（Henry Alfred Kissinger）隨尼克森

(Richard M. Nixon)總統動身前往莫斯科,途中經過維也納,就即將舉行的美蘇首腦會談問題,舉行了一次記者招待會。《紐約時報》某記者提出了一個所謂「程式問題」。他問:「到時,你是點點滴滴地宣布呢? 還是來個傾盆大雨,成批地發表協定呢?」

季辛吉回答說:「我明白了,要我在傾盆大雨和點點滴滴之間任選一個。所以,無論我怎麼選擇,都是壞透了。」

季辛吉對記者實質性的問題避而不談,以攻代守,抓住兩個比喻不放,並「合理」地引申到無論怎麼選擇,事情都是壞透了。他的這種說話技巧也是屬於詭辯,從對方的言辭中找出字眼,盡情發揮,以將話題遊歷於主題之外。

法國作家小仲馬浪漫風流,一次與朋友們逛妓院(基於時代的原因,我們不能因此質疑其道德),朋友們當著兩個名妓的面,為哪個妓女更美麗而爭論來爭論去。兩個名妓一位身段妙不可言,另一位面容如花似玉,爭論似乎沒有結果。最後,朋友們讓一聲不吭的小仲馬作裁奪。「你最喜歡哪一位呢?」他們問。「我最喜歡帶第二位出門,帶第一位回家。」小仲馬輕鬆寫意地將這個難題解開,令所有在場的人都無不信服並為之讚嘆。對於小仲馬這種幽默,我們除了像周星星同學似的感嘆「I 服了 YOU」之外,找不出更恰當的致敬之語了。

小仲馬的詭辯,完全解構了誰更美麗這一問題,將問題一分為二,從而得出令人信服的答案。這樣的詭辯術有很多例子。宋徽宗寫得一手好字,常為此詢問大臣:「我的字怎

樣？」大臣們也無不誇口說天下第一。有一天，皇帝問米芾同樣的問題，米芾是聞名天下的書法大家，書法勝過宋徽宗。如回答皇帝，一則委屈自己，二則在皇帝面前顯得自己虛偽，而他要是說自己第一，又必然會掃皇帝的興。米芾靈機一動，說：「臣以為在皇帝中，你的字天下第一；在大臣中則微臣的字天下第一。」宋徽宗聽了，撫掌微笑。米芾在此用的也是詭辯術，將一個問題分開來回答，從而讓答案無懈可擊。

延伸閱讀

　　從前有一個人，他的父親做了大官，兒子中了狀元，唯獨他什麼官也沒有做。因此，他的父親和兒子都看不起他，平時難免對他說些譏諷、嘲笑的話。但此人頗有口才，當父親嗤笑他時，他就對父親說：「你有什麼了不起的，我的兒子比你的兒子強得多。」當兒子嗤笑他時，他就對兒子說：「你有什麼了不起的，我的爸爸比你的爸爸強得多。」一番話把他的父親和兒子都說樂了。

剖析一個詭辯案例

　　保姆在整理清潔時，不小心打破了主人家一個名貴的古董花瓶，主人很生氣，一定要保姆依照估價進行賠償。一個做保姆的，要賠價值二三十萬的花瓶，自然在能力與心理上都難以接受。但主人堅持要她賠，沒辦法，保姆請來了一個在大學教哲學的遠房親戚張教授。

　　張教授來了，先是對主人說：「這個保姆來自於偏遠的鄉下，笨手笨腳，您就大人不計小人過，高抬貴手原諒她一次吧？」

　　然而這樣的求情，並沒有任何效果。主人根本就不吃這一套。

　　沒辦法，張教授只好開始運用詭辯。

　　首先，他用了「偷換論題」的詭辯術。他說：「這個保姆，離開自己的孩子和丈夫來到這個千里之外的城市打工，若是家裡稍有餘錢也就不會這麼做，很顯然，她根本就賠不起，而您家住高級別墅，家裡的古董那麼多，根本就不在乎那幾萬塊錢……。」在這裡，張教授把「該不該賠錢」的論題偷偷地換成「賠得起還是賠不起」，把「要不要賠償」的論題悄悄地換成了主人「在乎不在乎」。這是因為損壞別人的東西要賠償是生活常理，張教授只好用保姆的窮對主人動之以情。沒想到主人不吃這一套：「你這話不對，什麼叫做不在乎？她沒錢賠就不用負責任了嗎？」顯然，在這個偷換論題的戲法中，主人上了鉤，論題被張教授成功轉移到了「她沒錢賠就不用負責任了嗎」上。

　　張教授頓時在新的論題上大做文章：「她沒錢賠又怎麼賠你呢？賣了她也不合法啊？給你們家做保姆來償還損失還差不多。」

　　主人一聽，似乎動了點心。

　　張教授繼續說：「可是，對於月薪才兩萬多元的保姆來說，要賠你二三十萬的古董，怕也要做個幾年吧？這幾年

裡，你能保證她心甘情願？她要是心裡不平衡，或者家裡有什麼事情急需用錢而又沒有薪水，說不定被逼無奈就偷跑走了呢？難道你還要時時刻刻請人看管她？還有，這幾年要是再弄壞了你的什麼寶貝……。」

「好了好了，誰要她做保姆來還錢，她要做我還不稀罕呢？笨手笨腳的要是再弄壞了什麼東西……」。

張教授又換了一個角度：「我們凡事都要講道理，現在我要說的是一個理，事理之理。我們爭的是：一個雇工打破了雇主的一件東西，應不應該賠償的問題。我的意見是：不應該賠，主人不應該要她賠。」

論題又改變了。這一次主人又上當了。於是，兩人開始爭論起「應不應該要她賠」的話題。張教授說：「你是雇主，雇工在工作時間裡出的一切事故都應當由雇主負責，這是勞基法的規定。因此，她因為工作而打碎的花瓶，責任應該由雇主負責。」好傢伙，勞基法都搬出來了，但張教授悄悄地偷換了概念：把「工傷事故」用「一切事故」來代替，順利地把打壞花瓶的事故責任進行轉移了。

在接下來的理論中，張教授又捏造論據，使主人逐漸陷入了被動。例如：

張教授：「我現在想提醒你：從古到今，瓷窯裡燒出來的花瓶，少說，也有幾十萬幾百萬。這些花瓶，現在到哪裡去了？那麼花瓶是不是有被打破的可能？」他想用論據證明花瓶有被打破的可能，花瓶被打破是很正常的事。而實際上，「花瓶被打破是否很正常」與「被打破後該不該賠」並不構成

必然的因果關係。

張教授還運用了強詞奪理的詭辯手法：「她為什麼會把花瓶打碎，因為她工作時需要擦放花瓶的架子，才會存在打破花瓶的機會。擦架子是保姆的工作，保姆是代替主人做事。所以保姆才有打破花瓶的風險，你把風險轉嫁給了她。要是你在做，也有可能打破的，所以她其實是幫你打破了花瓶。」這話怎麼聽都不順耳。主人聽著也覺得不對，便反對：「我僱用她花了錢啊，她得到了利益就要承擔相對的風險。」

「沒錯，你是僱用了她，正因為你僱用了她，她在工作時間內、工作場所裡發生了事故，才應該由你來負責。要是你沒僱用她，毫無疑問她打碎了你的花瓶她就該賠。」好了，爭論又到了前面的那個話題。

主人覺得不對勁，但又不知道問題到底出在哪裡。最後，主人只得用生氣的口吻說：「那麼，我不要她賠了，她快點捲鋪蓋走人吧！」

綜觀整個論辯過程，張教授用各種詭辯手法，從各個角度將主人辯得無言以對，在眾多「道理」的疊加下，主人只得認輸。

防範他人的提問陷阱

通常，一個口才高手能在聽到對方的提問後，迅速思考並選擇一個最佳的回答方法。回答對方提問需要頭腦冷靜，不能被提問者牽著鼻子走。對於提問，能答即答，不能回答的可以回避。

答話的技巧主要是在提問的前提裡。在回答之前一定要認真分析對方問話。如果不加分析，隨口就答，可能就會被對方所控制，掉進「語言陷阱」。所以，在回答對方提問之前，分析前提是成功的回答關鍵。在掌握好前提以後，可以選擇以下幾種回答的方法。

>>1. 設定條件法

　　對方提問的內容，有時可能很模糊，有時很荒誕，甚至很愚蠢，以致使人們很難回答。這時，我們在分析清楚的前提下，可以用設定條件的方法。據說有這樣一個故事。有一天，國王指著一條河問阿凡提：「阿凡提，這條河的水有多少桶？」阿凡提答：「如果桶有河那麼大，那只有一桶水；如果這個桶有河的一半大，那麼就有兩桶水……。」阿凡提回答得十分巧妙。因為這個問題很怪，國王故意想難倒阿凡提，讓他無法直接回答。只能先設一個條件，後說結果。條件不同，結果也就不一樣了。還有例子。

　　問：「今天有一隻黑貓跟著我，這是不是凶兆？」

　　答：「那要看你是人還是鼠。」

　　前者的問話很無知，回答時無法給他詳細的解釋。設定一個條件，其結果不言而喻，而且極幽默地諷刺了問話者的愚昧。

>>2. 答非所問法

　　答非所問，是回答提問的一種回避戰術。對方提問出題，希望我們做出明確的回答，我們卻不願意回答他的問

題，這時，我們可以巧妙地轉移話題，答非所問，讓對方無法得到想要得到的答案。日本影星中野良子去到上海，有人問她：「您準備什麼時候結婚？」中野良子笑著說：「如果我結婚，就到中國度蜜月。」中野良子的婚期是個人隱私，中野良子自然不願吐露。她雖然沒有告訴婚期，卻說結婚到中國度蜜月，既遮掩過去，又表現了她對中國人民的友誼。

對一些是非問句的回答，還可以採用反答法。本應答「是」、「有」，卻從「不是」、「沒有」方面回答；本應答「不是」、「沒有」，卻從「有」、「是」方面回答。如：

問：「你和妻子之間有什麼共同之處嗎？」

答：「我們倆都是同一天結婚。」

旅行家：「請問，從前有什麼大人物出生在這座城市嗎？」

導遊：「沒有。只有嬰兒。」

第一個例子本應答「沒有」，卻從「有」的方面尋找一個話題。第二個例子帶有一定的諷刺意味，也是一種答非所問的戰術。

>>3. 否定前提法

對於對方的問話，有時我們不贊成。特別是當對方帶有一種不友好的態度問話時，我們需要做出否定的回答。否定回答主要否定對方問話的前提，其中包括觀點、態度和傾向。黑格爾《哲學演講錄》中記載了這樣一個故事：有一個詭辯家問梅爾德謨：「你是否停止打你父親了？」這位詭辯家

想使他陷入困境，不管他答「是」，還是「否」，都會掉進「語言的陷阱」。如果答「是」那就說明他曾打過他父親；如果答「否」，那就是他還在打父親。梅爾德謨很聰明，他答道：「我從來沒有打過他。」這個回答完全否定了問話中前提的含義，致使詭辯家嘲笑梅爾德謨的陰謀未能得逞。

>>4. 顛倒語序法

在回答對方提問時，如果將對方的語序略微顛倒一下，就能夠成為一個與原來問句的意義截然相反的回答句式。

曾有一個神父問兩個牧師：「你們做禱告時抽菸嗎？」其中一個答道：「我做禱告時抽菸。」結果遭到一頓痛斥。另一個答道：「不，我抽菸時做禱告。」結果得到了神父的讚賞。

其實，兩個人的回答是相同意思，但是答法不同。前者做禱告時抽菸，表現他對上帝的不虔誠。而後者抽菸時做禱告，表現了他能抓緊時間，做禱告比較勤奮，說明他對上帝的忠誠。後者答話的巧妙之處就在於他顛倒語序，表達出與前者答話截然相反的意義。

答是口才智慧的綜合外化，要想答得妙，必須注意生活感受的積累，加強語言的修養。妙答，將使你成為一個令人矚目的口才高手。

如何不被別人「詭」了

作為一種口才江湖最邪門的格鬥術，詭辯的招法可謂神出鬼沒。那麼，如何在說話或論辯中不被別人「詭」到

「詐」到？

下面，我們透過案例來一一講解。

阿凡提有個做買賣的朋友要出遠門，來跟阿凡提辭行。這個朋友看見阿凡提手上戴著只金戒指，便打主意要把那只金戒指討過來。朋友說：

「阿凡提，我這一出門，就會好久見不到你，我真有點捨不得你，在外面我想我一定會很想念你。我說，看在我們多年交情的分上，把這只金戒指給我戴上吧！我一見到這只金戒指就會像見到你本人一樣安心了。」

人家想要戒指不明說，繞了一個大彎。阿凡提當然不願意上當，但他怎麼來拒絕這個看似很「有情」的要求呢？

阿凡提說：「你的心腸真好啊，我們的友誼真的太深厚了！說實在的，你出門那麼長的時間，我也是度日如年，經常想念你呀。這個戒指還是讓它留在我手上吧，這樣的話，我一見到它就會想起：『噢，這個戒指我的朋友跟我要過，我沒給』，這樣你的模樣就會出現在我眼前了！」

阿凡提在此用的是「推諉搪塞法」。從同樣的為了懷念對方的前提中，雙方得出的結論卻截然相反：送戒指與不送戒指。朋友其實也是在用詭辯，想「詭」到阿凡提的戒指。阿凡提用的也是詭辯，讓自己的戒指沒有被「詭」去。一個高明的詭辯家則總是善於從共同的前提中引申出與對方針鋒相對的結論，以此與論敵相抗衡。詭辯有時候是搪塞：問題對自己不利，又不肯認輸，於是玩弄詭辯術，以此靈活地應付了事。

由於古代技術的制約，科舉考試對於考生的身分鑑別比較困難。為了避免代考現象，規定考生必須填寫清楚自己的外貌特徵，便於考官在考堂上查對。有個考生填寫自己的面貌特徵時，其中有一項寫了「微鬚」。考官巡堂時看到這個考生臉部有一點鬍鬚，便怒道：

　　「你冒名頂替，考單上明明寫著沒有鬍鬚嘛！」

　　考生十分詫異，申辯道：「我明明寫著有一點點鬍鬚，怎麼會沒有呢？」

　　考官說：「『微』即沒有。范仲淹〈岳陽樓記〉有『微斯人吾誰與歸』，說的就是：沒有這種人，我與誰在一起呢？」

　　考生反駁說：「古書上說『孔子微服而過宋』，這裡微服就是不暴露官員身分的裝束，如果『微』只作『沒有』講，難道說孔子脫得赤裸裸地到宋國去嗎？」

　　以偏概全是詭辯的常用手法之一。對於這種詭辯，我們要舉出一個與其相反的具體例子，就可以駁倒它。事實勝於雄辯。考官僅僅根據〈岳陽樓記〉中的一處現象就輕率地得出所有的「微」都是「沒有」的結論，當然會被聰明的考生列舉反例駁得啞口無言。

　　張三去餐廳吃飯，先點麵條，服務生端來的是辣麵。他不想吃，就叫服務生換成一盤包子，吃過之後不付款就想走。服務生對他說：「您吃的包子還沒有付錢呢！」張三說：「我吃的包子是用麵條換的。」服務生說：「麵條你也沒有付錢。」張三又說：「麵條我沒有吃呀！要付什麼錢？」氣得服務生一時不知道如何應答。

　　張三在此玩弄的詭辯有兩處頗迷惑人:一是「包子是用麵條換的」,按照一般的理解,「以物易物」的交易是不用付錢的;二是「麵條我沒有吃」,既然沒吃,也就無須付錢。問題究竟出在哪裡呢,就出在麵條上——雖然他沒有吃麵條,但由於沒有付款,麵條的所有權仍然屬於店家,因此他無權用麵條來換包子,所以吃了包子必須付錢。在這裡,張三用「包子是用麵條換的」這句話作掩護,偷換了包子「所有權」的概念。

　　古時有個皇帝非常迷信道教,經常請來道士與自己論道。某次,一位聲稱精通算命之術的道士求見皇帝,兩人相談甚歡。臨別時,皇帝問道士自己能活多久。道士推算了一會兒,說皇帝還有兩年壽命。皇帝聽了嚇癱在地。等道士走後,皇帝日夜焦慮,竟臥床不起。

　　宰相覺得這樣子下去,皇帝恐怕真的只有一兩年的壽命了。他想了一個辦法,要求皇上再宣那個道士進宮。

　　那個道士應該是想透過這個恐嚇手段,等皇帝宣自己再次進宮問計時,謊稱可以用一些所謂的法事來化解災難,以騙取皇帝的錢財。於是道士屁顛屁顛地來了。

　　宰相當著皇上的面,問那個道士:「據說你善於算命,那麼你算算你還能活多久?」

　　道士假裝推算了一陣說:「十五年。」

　　宰相馬上下令:「把這個道士推出去馬上斬首!」

　　皇帝想要制止,宰相說:「他不是算命很準嗎?怎麼沒有算到我今天要他的命?」

道士的「皇帝還有兩年壽命」的結論顯然是用了虛假論據，但由於一時無從考證，容易迷惑人。當道士推出另一個論點「自己能活十五年」時，宰相卻讓他一天也活不了，騙人技倆就這樣不攻自破。抓住詭辯者與事實相悖的破綻，拿出事實，迫使其在事實面前兌現其觀點，就能使其觀點的荒謬性暴露無遺。這種方法叫兌現斥謬法，它以客觀事實為武器，所以有很強的邏輯力量。

　　詭辯是智慧的角逐，是語言的較量。在縱橫口才中，當然少不了詭辯之術。

第十五章

傾聽，一種禮貌更是一種口才

相對來說，人人都對自己的事更感興趣，對自己的問題更關注，更喜歡自我表現。一旦有人專心傾聽我們談論時，就會感到自己被重視。口才高手也是如此，不過因為他們了解這一規律，比平常人更懂得去傾聽別人的聲音。

善於傾聽的人會贏得更好的朋友，因為你分享了他的歡樂、分擔了他的憂愁，善於傾聽的人才能夠明白別人的意圖，找到合適的應對之法。善於傾聽，也意味著慎言，避免流言，不傷害自己，也不傷害他人。善於傾聽的人常常會有意想不到的收穫：蒲松齡因為虛心聽取路人的述說而成就了《聊齋誌異》；唐太宗因為兼聽而成一代明主；齊桓公因為細聽而善任管仲，劉玄德因為恭聽而鼎足天下。

傾聽是一種禮貌，一種出於對講話者尊重的禮貌。你在尊重他人的同時，也會得到他人的尊重，元代鄭廷玉在戲劇〈楚昭公〉中有臺詞云：「請大王試說一遍，容小官洗耳恭聽。」聽別人說話，要洗乾淨耳朵以示恭敬。

最有價值的金人

曾經有個小國的人到中國來，進貢了三個一模一樣的金人，把皇帝高興壞了。可是這小國的人不厚道，出了一道題目：這三個金人哪個最有價值。

皇帝想了許多辦法，請來珠寶匠檢查、稱重量、看做工，都是一模一樣的。

怎麼辦？使者還等著回去匯報呢。泱泱大國，不會連這等小事都不懂吧？最後，有一位退位的老大臣說他有辦法。

皇帝將使者請到大殿，老臣胸有成竹地拿著三根稻草，插入第一個金人的耳朵裡，讓稻草從另一邊耳朵出來了。第二個金人的稻草從嘴巴裡直接掉出來，而第三個金人，稻草進去後掉進了肚子，什麼響動也沒有。老臣說：第三個金人最有價值！使者默默無語，答案正確。

這個故事告訴我們，最有價值的人，不一定是最能說的人。老天給我們兩隻耳朵一個嘴巴，本來就是讓我們多聽少說的。善於傾聽，才是成熟的人最基本的素養。

有效的溝通始於傾聽

卡內基說：「成功的交談，並沒有什麼神祕。專心地注意與你說話的人，是非常重要的，再也沒有比這麼做更具有恭維的效果了。」

傾聽是在任何時候我們都要做的一件事情。我們聽音樂，我們聽新聞，我們聽我們的父母、孩子、同事、上司、顧客、朋友說的話……我們一生都在傾聽。

卡內基還認為：在溝通的各項功能中，最重要的莫過於傾聽的能力；滔滔的雄辯能力、強而有力的聲音、精通多國語言，甚至寫作的才能都比不上傾聽重要。

有效的溝通始於真正的傾聽。而成功的溝通高手都是那些真正領略傾聽價值的人。

然而，真正擅長傾聽的人卻少之又少。可以說，在語言溝通中所運用的四種方法（聽、說、讀、寫）當中，「聽」是

最少人能夠做好的。

　　我們只要稍微思考和比較一下在這四個方面所學習到的技巧，就可以發現自己在傾聽方面的程度總是最差的。其原因主要是：在學校教育中，除了有寫作指導的課程，也有閱讀和說話技巧的訓練，但和寫作比起來，閱讀和說話的訓練就明顯缺乏，至於在傾聽方面的技巧訓練上，幾乎是空白（外語學習除外）。美國一位學者認為：缺乏傾聽的技巧以及溝通的失敗，是導致個人事業上浪費時間、計畫受挫和行動失敗的重要因素。

　　現代人大都有表現欲，希望自己受人歡迎，也希望別人能了解自己。因此，不少人都想方設法來訓練自己的口才，讓自己能言善道，成為雄辯的頂尖高手。這都是「會說話才能使溝通順暢圓滿」的心理所造成的。

　　以開會來說，無論是公司會議或公眾會議，縱然主持人擅長說話技巧，但如果從頭到尾都是他一人發表意見，那麼這會議充其量只是報告會。只有出席者也發言，提出具有建設性的問題或意見，才能達到會議的溝通目的。「說」與「聽」是溝通不可或缺的條件，而這兩者相互平衡，才會產生理想的溝通。

　　像這種情形也適用於一對一的交談。由此可見，與其強求成為很會說話的人，不如先成為能傾聽的人，如此有助於溝通。

　　環顧四周的人可以發現，精通說話藝術的人，也都了解聽人說話的重要，由於他們不斷吸收別人的話題，於是更豐

富了自己的話題。相反，那些言語乏味的人，大都是從不聽人說話的人，不但如此，反會炫耀自己或批評別人。

信任是最好的聽眾

大部分聽人說話技巧高明的人，都能不著痕跡地配合對方的喜怒哀樂。對方說到傷心處就隨著哀痛，對方高興也隨著欣喜，整個人的感情都專注於對方身上，幾乎抹殺了自己的個性。

有位心理醫生曾說：「我有感性和理性兩種個性，而前者足以凌駕後者。」他因為工作上的關係，更需配合患者的情緒變化而變化，如果只是靜靜傾聽，可能無法獲得患者的信任，這會影響治療工作。

環顧四周的人，其中一定有人值得你信賴，而你願意向他吐露心事。這些人不僅會分享你的快樂、憂愁，而且會為你出主意或糾正你的錯誤。正因這些人能設身處地為你著想，你才會坦然將自己的心裡話說出來。

的確，在獲取對方肯定前，自己必須先肯定對方，多表明站在對方立場的態度，定能聽取對方更多的心事。心意是否能傳達給對方，同時被對方所接受，完全掌握在你手上。

這是楊先生首次生產擦地拖鞋時所發生的故事。當時對推銷產品完全外行的楊先生，不了解自己所生產的擦地拖鞋能賣什麼價錢，於是就請教某批發商如何直接定價。

他老實說自己不懂得價錢，所以無法決定，而批發商十

分熱心，幫助他算出零售價，並購買他的擦地拖鞋。如果這批發商心懷不軌，一定會狠狠敲一筆，然而他並未如此做，反而表示：「你的產品不錯，可賣這種價錢。」

　　楊先生對於批發商的態度十分感激，感到社會仍是溫暖的。不過社會上也有黑暗的一面，有很多人因上過當，從而養成處處防範他人的心理，這真令人痛心疾首。

　　不信任人的人，對自己或周圍的人均無益處，這是楊先生的看法。他還說過，我相信人間到處有溫情，只要以誠待人，一定能獲得相同的回饋。直至今天他仍然感謝那位批發商。由此可見，是「信任別人」這信條奠定了楊先生事業的基礎。

　　而這信條也適用於聽人說話方面。當對方熱衷談論經驗時，你卻以懷疑的口吻反問：「是嗎？」或憑自己的意思判斷對方，甚至漫不經心。這種態度當然會影響對方，逐漸地降低談話興趣，並很快結束談話。

　　任何人都不會對不信任的人表明真心，頂多是說些無關痛癢的話，這種損失實在難以彌補。所以，我們必須相信對方，沒有一絲做假，那麼，對方自然會敞開心扉，表露出真正的一面。

專心聆聽別人的光榮與夢想

　　喜歡炫耀嗜好或專長是一般人的心理。然而，炫耀之心被人看穿後卻會覷腆，並且想盡辦法保護自己的良好形象。因此，即使想大聲炫耀時，也會謙虛一番才開始談論。如果

能利用這種心理，讓對方開心的談，對自己也有好處。例如在洽談生意時，不妨讓對方暢談自己的嗜好，而你則拚命點頭稱是，表現出敬佩的樣子，在對方獲得心滿意足後，自然可讓賓主皆歡。

在生活與工作中受人歡迎的人，多是能了解聽人炫耀的技巧的。老王是某公司的職員，他就是因此而人緣極佳。例如，星期一上班時，他看到上司晒黑了，便自然地比劃出握網球拍的動作，倆人的話匣子就此打開。剛開始時，上司可能會不好意思而客氣地說「其實我昨天收穫不錯」，但很快就進入狀態，不時會露出得意的表情。如果上司是個釣魚迷，不妨說「現在釣魚不簡單吧」或「一天能釣上一條草魚就不錯啦」等，如此縱使對方成績不理想也不會難為情。因為這無疑是暗示對方，現在天氣不佳，你能釣上一條，也可稱得上是高手了。

由於他是如此善解人意，大多數同事都樂於找他談話，他不但不厭煩，還會給予精神上的支援，難怪會大受歡迎。他就是以「聽話」增加與人的親密感。

他在與人交談時，完全扮演聽眾的角色，從不炫耀自己。比方談到釣魚，儘管他同樣善於此道，但從來都是耐心聽，從來不自吹自擂。

除了要專心傾聽別人在現實生活中的光榮外，還要專心傾聽別人在未來的夢想。光榮與夢想，是人最在意的兩件事。

張勇在平時經常描繪自己二十年後的樣子：存一筆不大不小的錢，到湘西鳳凰買幢房子，種花、養馬、劈柴、發

呆，過無拘無束的生活。原來，去湘西是他少年時擁有的夢想，從沈從文的筆下，他對那片淳樸的土地產生了好奇。長大後去過幾次，非常留戀那裡的一草一木。去那裡定居是他十幾年的夢想，而這夢想埋藏在心底已久。只要談到它，他的表情就熠熠發光，與平日指揮工作的樣子截然不同，彷彿少年一般天真可愛。

有一次，他和以前一樣在談夢想時，來了一位醉客打斷話題：「湘西，湘西有……有什麼了不起的……」這時他的臉色大變，露出可怕的眼神，結果倆人發生了衝突。對他來說，他絕無法原諒嘲笑自己夢想的人。

夢想與光榮一樣，神聖不可侵犯，沒有任何東西能替代。平時忙於工作，而這夢想有如強心針，可為生活帶來無比的希望，鼓勵自己勇往直前。因此，對於別人的光榮與夢想，我們在傾聽時要懷著專心與虔誠的態度。

在傾聽中產生共鳴

傾聽是搞好人際關係的必要。不重視、不善於傾聽就是不重視、不善於交流，而交流的一半就是用心傾聽對方的談話。不管你的口才有多好，你的話有多精彩，也要注意聽聽別人說些什麼，看看別人有些什麼反應。俗話說得好：「會說的不如會聽的。」也就是說：只有會聽，才能真正會說；只有會聽，才能更好地了解對方，促成有效的交流。尤其是和有真才實學的人一起交談更要多聽，不僅要多聽，還要會聽。所謂「聽君一席話，勝讀十年書」，大概也正是這個意

思吧。

那麼，是不是我們什麼都不說，只一味地去聽呢？當然不是。假如一句話都不說，別人即使不認為你是啞巴，也會認為你對談話一點興趣都沒有，反應冷漠。這樣會使對方覺得尷尬、掃興，不願再說下去。到底多說好，還是少說好呢？這就要看交談的內容和需要了。如果你的話有用，對方也感興趣，當然可以多說；倘若你的話沒有什麼實質內容和作用，還是少說為佳。即使你對某個話題頗有興趣和見解，也不要滔滔不絕，沒完沒了，更不要打斷別人，搶話爭講，因為那樣會招致對方厭煩，甚至破壞整個談話氣氛。

聽話也有訣竅。當某人講話時，有的人目光游離，心不在焉，看錶、修指甲、打呵欠、打電話……這些小動作會給人一種輕視談話者的感覺，讓對方覺得你對他不滿意，不願再聽下去，這樣肯定會妨礙正常有效的交流。當然，所謂注意聽也不是死盯著講話者，而是適當地注視和有所表示。

給講話的人語言暗示，告訴他你在專心地聽。對他所說的話感興趣時，展露一下你的笑容；用「嗯、噢」等表示自己確實在聽和鼓勵對方說下去。或者是「明白了」、「再講具體一點」、「然後怎麼樣了」等，注意‧每一個暗示都要簡短，但這足以使講話人深受鼓舞。

提出問題。憑著你所提出的問題，讓對方知道，你是仔細地在聽他說話。而且透過提問，可使談話更深入地進行下去。如：「要如何才能改變這一現狀呢？」「如果不這樣還有其他好的辦法嗎？」

要巧妙地表達你的意見，不要表示出或堅持明顯與對方不合的意見，因為對方希望的是聽的人「聽」他說話，或希望聽的人能設身處地地為他著想，而不是給他提意見。你可配合對方的證據，提出你自己的意見，比如對方說完話時，你可以重複他說話的某個部分，或某個觀點，這不僅證明你在注意他所講的話，而且可以以下列的答話陳述你的意見。如：「正如你指出的意見一樣。」「我完全贊成你的看法。」

　　在忠於對方所講的話題基礎上，引導好話題的走向。無論你多麼想把話題轉到別的事情上去，達到你和他對話的預期目的，但你還是要等待對方講完以後，再岔開他的話題。對方也許是一個不善表達的人，不是短話長說，就是說些與主題無關的話題，甚至連陳年往事也牽扯上了。這樣的談話枝葉太多，漸漸地就會脫離主題。因此聽者此時須予以引導，使談話重上軌道。這是聽者的重要責任，也是聽話技巧之一。記住，是引導而不是指導。

　　要聽懂對方的意圖，而不僅僅是話語。管理學大師彼得‧杜拉克（Peter Ferdinand Drucker）曾經說過：「溝通就是傾聽對方沒有說出來的話。」因此，請細心體會說話人「話裡話外」的意思，並且在抓住事實的同時感受他的情緒。

　　當一個話題告一段落，你要適時引入新的話題。人們喜歡從頭到尾安靜地聽他說話，而且更喜歡被引出新的話題，以便能借機展示自己的價值。你可以試著在別人說話時，適時地加一句：「你能不能再談談對某個問題的意見呢？」

　　如果我們把每一次傾聽都當作學習的機會，即便談論的

話題一開始顯得很無趣，也請緊跟說話人的思路。而在你學習的同時，你也會獲得談話人的好感與尊重。認真按照這些要求去做，你一定會成為一個成功的傾聽者，成為一個擁有縱橫口才的高手！

第十六章

肢語，最容易被忽視的利器

　　一九二七年十月，隨著電影《爵士樂歌手》在美國紐約的上映，宣告電影史進入一個新的時期。在有聲電影出現之前，電影在默片（無聲電影）時代默默地上演了幾十年，其中誕生了《戰艦波將金號》、《淘金記》等經典默片。在默片中，肢體語言是電影裡唯一的溝通方式。在當時，能否恰到好處地使用各種手勢以及能否巧妙地用身體各部位發出信號與觀眾交流，是評判演員演技高低的尺規。

　　默片時代的電影，充分說明了肢體語言在人們交流與溝通中的重要作用。人類在感知上，視覺的衝擊力要比聽覺強烈得多。國外研究肢體語言的專家認為：在一條資訊所產生的全部影響力中，有多半來自於無聲的肢體語言。

　　當很多人把口才的功夫幾乎全部下在嘴巴傳出的聲音上時，聰明的口才高手已經意識到了肢體語言的重要性。肢體語言經由身體的各種動作，從而代替或輔助口頭語言，以達到表情達意的溝通目的。狹義言之，肢體語言只包括身體與四肢所表達的意義。廣義言之，肢體語言還可以擴展到穿著打扮。

　　一個無心的眼神，一個不經意的微笑，一個細微的小動作，就可能決定了你的成敗 —— 即使這是一次千萬元級別的商務談判。是的，那些被我們所忽視的微小的肢體語言，有著如此之大的魔力。正是這些微妙的肢體語言，決定了我們在與他人的交往中是掌控別人，還是被別人所掌控。

白字總統小布希

　　「小布希又說錯話了」—— 這話經常見於報端。小布希出這樣的新聞已經不是什麼稀奇的事了，如：「網路上的高速公路是不是太多了？」「我認為中東的不穩定直接造成了這個地區的不穩定。」有心人甚至專門蒐集小布希的口誤成布希語錄，並譏笑他為「白字總統」、美國史上最笨的總統，還有的說他智商只有九十一等等。

　　小布希口誤頻頻，但這並不影響他的總統連任，也不影響他到處演講。他演講時的手勢特別多，講個話手比來比去。他在講話時甚至還有音樂指揮家的架式，沒錯，他的確曾客串過音樂指揮。即使經常說錯話、說錯字，小布希毫不受干擾，照樣手舞足蹈，緊緊抓住了聽眾的注意力。媒體評論說，布希的手勢，總能貼切地詮釋文字。

　　在記者會的每次發言，布希超級多的手勢，強化了他的現場發揮，語言專家對這一現象做了剖析。肢體語言專家派蒂伍德表示，「這是象徵性的肢體語言，當你說話時，姿勢也代表了說話的內容。」

　　看來，是豐富得體的肢體語言，彌補了小布希不太善於言辭的弱項。

帶著你的微笑出門

　　蒙娜麗莎是一幅舉世聞名的名畫中的主角，全世界無數人為蒙娜麗莎而迷醉。是蒙娜麗莎具有驚豔之美貌嗎？不

是，蒙娜麗莎姿色一般，她最令人癡狂的是她的微笑與眼神。蒙娜麗莎淡淡的微笑，和她似喜非喜、似憂非憂的眼神，流露出來的是人類普遍追求的親切感，讓人感到百看不厭。

《蒙娜麗莎》畢竟只是一張畫。她永遠不會開口，誰也不能知道她會說些什麼。然而，她的微笑，她的眼神和表情卻一直在不停地「說話」。

某對外貿易公司在和外商的合作中，出了一點紕漏，令外商大光其火，欲撕毀先前簽訂的合約。公司派了一些人，欲挽回局勢。但去的都被外商罵了回來，回來還要被老闆罵，真是兩頭受氣。老闆就把這個任務交給了小李，小李很憂慮，去的話難以成功完成使命，不去的話更說不過去。結果還是去了。到了那裡，果然迎來了外商暴風驟雨的破口大罵。小李出門時就打定主意什麼也不辯解，只是微笑，除了微笑還是微笑，只是嘴裡附和著「噢？這樣呀？是嗎？真的很抱歉」，自始至終點著頭微笑著。後來，那個外商似乎罵累了，小李說：「大衛，你很善於表達你內心裡的憤怒呀！」外商看了看一臉微笑的小李說：「我們最討厭做事不負責、不到位的情況，你們要保證下不為例！」就這樣，別人沒有完成的任務，小李完成了。而他的祕訣，好像就是微笑、微笑、再微笑。

微笑是一種國際語言，不用翻譯，就能打動人們的心弦。微笑是盛開在人們臉上的一朵美麗的花，時時刻刻散發著迷人的芬芳。真正的微笑應發自內心，滲透著自己的情感，表裡如一，毫無包裝或矯飾的微笑才有感染力。

微笑可以表現出溫馨、親切的表情，能有效地縮短雙方的距離，給對方留下美好的心理感受，從而形成融洽的溝通氛圍。它能產生一種魅力，它可以使強硬者變得溫柔，使困難變得容易。所以微笑是人際交往中的潤滑劑，是廣交朋友、化解矛盾的有效方法。

　　西班牙一士兵在戰爭中被俘虜，關在監獄並將在次日中午被槍斃。在恐懼無助之中，這個俘虜向看守監獄的敵軍士兵投去了一個友好的微笑，迎得了對方的親近，從香菸借個火到在顫顫不安中提及「孩子」這個溫暖的話題，一下便觸動了因戰爭而冷漠的面孔下那顆原本柔軟的心。最後，那個看守冒著極大的危險，將西班牙士兵偷偷放出並護送到城外。

　　微笑是一種接納，而不會展示微笑的人，身上好像在傳送一條資訊：「煩耶！別靠近我。」這樣有誰願意跟他接近呢？

　　史汀生是美國一家小有名氣的公司的總裁，他還很年輕，幾乎具備成功男人應該具有的所有優點。與他深交的人都因此感到自豪。但初次見到他的人卻對他少有好感，這令人大為吃驚，為什麼呢？因為他沒有笑容。他深沉嚴峻，緊閉嘴唇和緊咬牙關。公司的女員工見了他畏如虎豹；男員工對他的支持與認同也不是很多。而事實上他缺少一樣東西，一樣足以致命的東西：一副動人的、微笑面孔。

　　作為非語言的溝通工具，微笑的溝通效率有時甚至比說話還管用。當你微笑著聽某人說話時，突然聽到了你所不願意聽到的話，你並不想繼續聽下去，這時你可以立即讓微笑中斷，以此來傳遞你的資訊：對於這個話題，我不感興趣，

不願意深談。很多語言大師認為：當他人有事託你辦，而你想拒絕卻不想直接開口時，只需要讓微笑中斷就基本能讓對方知難而退。

有點遺憾的是，在現實生活中，大多數人很注意自己的外在形象。出門時要對著鏡子特意打扮一番，看衣服是否合身、領帶是否平整、頭髮是否有型、化妝是否恰到好處，唯恐粗俗的衣著和不雅的妝容影響自己的形象，卻往往忽略了臉上是否帶著微笑。

五月八日是「世界微笑日」，也許你並不知道。這不怎麼要緊，要緊的是，每天出門前，你都要記得：帶上你的微笑。

怎樣才能「出手不凡」

握手，我們生活中司空見慣的一件事。但握手雖動作簡單，要握出水準還真有很多門道。握手的力量、姿勢與時間的長短，往往能夠表達出不同禮遇與態度，顯露自己的個性，給人留下不同的印象。透過握手我們也可了解對方的個性，從而贏得交際的主動。美國著名盲聾女作家海倫‧凱勒（Helen Adams Keller）曾寫道，手能拒人千里之外，也可充滿陽光，讓你感到很溫暖。事實也確實如此，因為握手是一種語言，是一種無聲的動作語言。

通常與人初次見面、熟人久別重逢、告辭或送行均以握手表示自己的善意，因為這是最常見的一種見面禮、告別禮。有時在一些特殊場合，如向人表示祝賀、感謝或慰問時，雙方交談中出現了令人滿意的共同點時，或雙方原先的

矛盾出現了某種良好的轉機或徹底和解時，習慣上也以握手為禮。

在一般情況下，主人、長輩、上司、女士主動伸出手，客人、晚輩、下屬、男士再相迎握手。

長輩與晚輩之間，長輩伸手後，晚輩才能伸手相握；上下級之間，上級伸手後，下級才能接握；主人與客人之間，主人宜主動伸手；男女之間，女方伸出手後，男方才能伸手相握；如果男性年長，是女性的父輩年齡，在一般的社交場合中仍以女性先伸手為主，除非男性已是祖輩年齡，或女性未成年在二十歲以下，則男性的長者先伸手是適宜的。但無論什麼人，如果他忽略了握手禮的先後次序而已經伸出了手，對方都應不遲疑地回握。

握手時應伸出右手，不能伸出左手與人相握。如果你是左撇子，握手時也一定要用右手。當然如果你右手受傷了，那就不妨聲明一下。戴著手套握手是失禮行為，一般情況下，男士在握手前先脫下手套、摘下帽子，女士可以例外。當然在嚴寒的室外有時可以不脫，比如雙方都戴著手套、帽子，這時一般也應先說聲：「對不起」。握手者雙眼注視對方，微笑、問候、致意，不要看第三者或顯得心不在焉。

在人際交往中，當介紹人完成介紹任務之後，被介紹的雙方第一個動作就是相互握手致意。握手的時候，眼睛一定要注視對方的眼睛，傳達出你的誠意和自信，千萬不要一邊握手一邊東張西望，或者跟這個人握手還沒結束，就將目光移至下一個人身上，這樣別人從你眼神裡讀到的將是輕視或

慌亂。那麼是不是注視的時間愈長愈好呢？並非如此，握手只需幾秒鐘即可，雙方手一鬆開，目光即可轉移。

握手的力度要掌握好，握得太輕了，對方會覺得你在敷衍他；太重了，人家不但沒感到你的熱情，反而會覺得你是個大老粗，女士尤其不要把手扭扭捏捏地伸出去，又飛快地收回來，顯得心不甘情不願的樣子，既然伸出了手，就應大大方方地握。

如果要表示自己的真誠和熱烈，也可握較長時間，並上下搖晃幾下。在一般交往中，不要用雙手抓住對方的手上下搖動，那樣顯得太恭謙，使自己的地位無形中降低了，完全失去了一個人的風度。

被介紹之後，最好不要立即主動伸手。年輕者、職務低者被介紹給年長者、職務高者時，應根據年長者、職務高者的反應行事。即當年長者、職務高者用點頭致意代替握手時，年輕者、職務低者也應隨之點頭致意。和女性握手，一般男士不要先伸手。

多人相見時，注意不要交叉握手，也就是當兩人握手時，第三者不要把手臂從上面伸過去，急著和另外的人握手。

在任何情況下，拒絕對方主動要求握手的舉動都是無禮的，但手上有水或不乾淨時應謝絕握手，同時必須解釋清楚並致歉。

如何讓手勢增強說服力

　　手勢是肢體語言中運用最廣泛的一種。如果我們留心名人們的說話或演講，就會發現在他們身上有一個共同的特點：說話或演講過程中總是伴隨著豐富而多彩的手勢。千萬別小看這些動作，它對增加說話的精彩和力度，催化講話的投入和發揮有著無法替代的作用。手勢是聲音語言很有力的補充甚至替代。宣傳家雅羅斯拉夫斯基曾說：「演講者的手勢自然是用來補充說明演講者的觀點、情感與感受的。」其實，演講如此，其他場合的說話又何嘗不是如此？ 因此，手勢既可以引起聽眾注意，又可以把思想、意念和情感表達得更充分、更生動、更形象，從而給聽眾留下更深刻、更鮮明的印象和記憶。

　　然而，在很多場合，我們還是會看到一些人對於手勢的忽視。例如有的演講者，從一上臺到結束兩手始終下垂於褲線，一直保持著立正的姿勢；有的演講者像害羞的小女孩，總是抓捏著自己的小手指；還有的演講者，好不容易伸出手來，可是感覺很彆扭。而在一般的閒聊中，我們也能看到類似的情形。這一點，應該引起有志於提高自己口才的人之注意。

　　急劇而有力的手勢，可以幫助演講者提升感情；穩妥而含蓄的手勢，可以幫助演講者表明心跡。手勢貴在自然，切忌做作；貴在協調，切忌脫節；貴在精簡，切忌氾濫；貴在變化，切忌死板；貴在通盤考慮，切忌前緊後鬆或前鬆後緊。

　　手勢在說話或演講中，沒有什麼固定模式來遵循，完全

是由演講者的個性和演講的內容以及演講者當時的情緒支配的。要做到因人而異，隨講而變。不過，手勢揮動的高度卻有個約定俗成的範圍。依說話者的身材可分上、中、下三個部位。上位，是肩部以上，一般來說，常用在說話者感情激越，或大聲疾呼、發出號召、進行聲討，或強調內容、展示前景、指出未來的時候；中位，即從腹部至肩部，常是心緒平穩、敘述事實、說明情況、闡述理由的時候運用；下位，即腹部以下，這個部位的手勢除指示方位、列舉數目以外，多用於表達厭惡、鄙視、不快和不屑一顧的情感，或介紹、評說反面的事物。至於手勢在細節上的具體運用，本書限於篇幅不多講解，有心的朋友可以找一些相關的資料來學習與充實。

延伸閱讀

在都德的短篇小說《最後一課》中，有一段感人肺腑的描寫——

韓麥爾先生站起來，臉色慘白，我覺得他從來沒有這麼高大。

「我的朋友們啊，」他說，「我，我……」

但是他哽住了，他說不下去了。

他轉身朝著黑板，拿起一支粉筆，用盡全身的力量，寫了兩個大字：

「法蘭西萬歲！」

然後他呆在那兒，頭靠著牆壁，話也不說，只向我們做了一個手勢：「放學了，你們走吧。」

這篇小說描寫的是十九世紀的一個法國小學生弗郎士和鄉村教師韓麥爾的故事。故事的背景是法國在普法戰爭中失敗，

以淪陷的阿爾薩斯中一個小學校被迫改學德文的事為題材，透過描寫最後一堂法文課的情景，反映了法國人民深厚的愛國感情。在這部小說中，都德筆下的鄉村教師韓麥爾用有聲的語言與無聲的語言，「說」出了他內心的痛苦、怒火、堅定與決心。試想，如果韓麥爾沒有運用手勢等一些肢體語言，僅僅是透過口頭的控訴與傾訴，怎麼也達不到傳遞如此複雜而又透澈的感情的目的。

蹩腳而又隱蔽的肢體語言

不得體的肢體語言，如同不得體的有聲語言一樣，讓別人感到不快、甚至憤怒。然而，相對來說，話說錯了我們比較容易發覺，肢體的「話」錯了，要發現會難很多。明明你是好心和他談一件什麼事情，但他就是不領情，和你唱反調。是話說錯了嗎？表達方式不對？一般人都會往這些方面想，但真實原因還有可能是你的肢體語言讓他感到不快，他不願說出來，就以這種頂牛方式以示抗議。

肢體語言就像人身上不雅的化妝，自己很難發現。即使是對著鏡子，你也不一定會發現它們是那麼不得體──你還以為那樣子會很酷、很帥、很優雅……。

下面，我們將指出肢體語言的使用中有哪些不雅的方式。

逃避眼神接觸。在一對一的談話中，你是盯著一旁、腳下或前面的桌子嗎？你從未看過聊天對象肩膀以上的部位嗎？在人多的場合演講，你的目光是否總是盯著講演稿？

如果你的回答是，那麼說明你缺乏自信心。而一個沒自

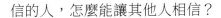

信的人，怎麼能讓其他人相信？

眼睛是心靈的窗戶，在和人交流時，很多資訊是透過眼神來交流的。互相不「對眼」，怎麼會讓溝通有效？再說，一個眼神閃躲的人，還容易被人誤會：是不是心裡有鬼？是不是不尊重我？……

與陌生人初次交談，視線落在對方的鼻部是最令人舒服的，直接注視對方眼睛的時間反而不宜過久，因為長時間凝視對方會令人不自在。當然，如果完全不注視對方的眼睛，會被認為是自高自大、傲慢無禮的表現，或者被認為試圖去掩飾什麼。所以，學會察言觀色是非常重要的。當你盯著對方雙眼看時，發現對方在談話時目光從專注變得游移，這就說明對方可能因為你的注視而覺得不太自在了，這時不如就將視線移到對方的鼻部或者嘴部。

雙臂交叉抱胸。早在遠古時代，雙臂緊緊交叉抱於胸前，這個動作有保護自己、防備危險的意思。現在，習慣交談時保持這個動作的，在我們身邊也比較常見。雙臂交叉抱胸，對於本人來說也許很愜意，不過傳遞給對方的是輕佻、冷漠、防備、拒絕等負面訊息。當然，這種動作一般是發生在非正式的交談中。比如路邊偶遇友人的談話，或靠在沙發上的閒聊。前面說過，我們絕大部分的話都是用在閒聊上，閒聊不但同樣需要高超的口才，而且還是一個最佳的「練兵」場所。你在無數的閒聊中，提高了自己的口才，養成了良好的習慣，這樣才有「用兵一時」的勝算。

好動。頻繁打電話，傳 LINE，把玩手中小物件，坐立不

安，搖擺或晃動。這些動作雖小，但給人的厭惡程度不小。你不妨和別人換位思考，你願意在與別人談話時別人這樣子做嗎？在必須打接電話時，你應該向對方道歉，請求暫停。電話要長話短說，打完後最好再次致歉。至於重要的場合，關掉手機是一種必需的禮儀。坐立不安，搖擺或晃動之類的小動作，有失一個人的莊重，也暗示別人自己覺得很無聊。

把手放在口袋中。把手拘謹地放在身體兩側或塞在口袋裡給人的印象是——你提不起興趣、不想參與，不論你到底是或不是。解決它的辦法很簡單：從口袋裡拿出你的手，做些有決心的、果斷的手勢。

細心謹慎解讀他人肢體語言

肢體語言是一種展現個人情感的外在表現形式。每一個手勢或動作都有可能成為我們透視他人情感、情緒的關鍵線索。例如，一個禿頭或有禿頭趨向的男人會在無意中摸自己的頭頂；一個認為自己大腿變粗了的女人則會不斷整理下身，盡量使自己的裙子保持一種平滑下垂的狀態。

著名的心理學家佛洛伊德（Sigmund Freud）曾經遇過一個案例。案例中，一位女士告訴他，她的婚姻生活十分幸福。在談話中，這位女士不斷地將她的結婚戒指取下，然後又戴上。佛洛伊德注意到了她的這一無意識的小動作，他很清楚這意味著什麼。所以，當有消息傳來說她的婚姻出現問題時，佛洛伊德絲毫不感到驚訝，因為一切都在他的意料之中。

政治家永遠是輿論關注的中心，他們的話裡充滿了模糊的外交詞彙，或者聲東擊西的謊言。因此，探究他們的真實意圖，是不少人甚至不少國家所熱衷的。曾在牛津大學工作的心理學家彼得‧科利特教授認為：政治家的不同於尋常的舉動，尤其有揭示作用，甚至像握手這樣簡單的動作也會暗藏政治競爭的資訊。

比如，當布希感到緊張有壓力時，他就會咬嘴唇；而英國前首相布萊爾（Tony Blair）在表示同意時會上揚眉毛。科利特說，上揚的眉毛表示順從，布萊爾通常用上揚的眉毛表示自己同意並很在意別人的意見，同時也表示自己並不構成威脅。而咬嘴唇的行為說明布希很緊張。這就是心理學家一般所說的情緒洩露。

科利特舉例說，當布希二〇〇一年得知「九一一」恐怖襲擊事件後，他咬嘴唇的反應是下意識的，也是十分明顯的。另外在其他一些場合，布希也曾用這個小動作掩飾自己的焦慮。

科利特還分析了一些政要獨有的肢體語言。例如，布希喜歡擺動雙臂，用強而有力的步伐展現他的陽剛之氣。布萊爾則會在緊張時擺弄他左手的小拇指，在感到脆弱時會把手放進口袋，在受到威脅時通常會摸自己的胃部。科利特說，摸自己的胃部或後腦勺，是一種自我安慰的行為，就像母親安撫她的孩子，足球運動員在輸球時也會有這樣的動作。

心理學家還用肢體語言解讀了當時的布萊爾和被視為其接班人的財政大臣戈登‧布朗（Gordon Brown，現已為英國首

相）之間的微妙關係。當布萊爾備受關注並操控大權時，布朗看起來相當地不舒服。在英國工黨的一次大會上，布朗甚至有多達三百二十二個小動作洩露了他這種不舒坦的心理。例如，他在布萊爾演講期間摸自己的臉。

一批心理學專家曾經應俄羅斯《共青團真理報》的邀請，分析與解讀了那些與普丁進行正式會談的政治家的肢體語言。

心理學家首先列舉了俄羅斯統一電力系統股份公司總裁阿納托利·丘拜斯，照片紀錄的是他在俄總統索契官邸的情景，當時他正準備坐在普丁的對面，手裡拿著一個笨重的公事包。丘拜斯為什麼在與普丁會面時帶著那麼大的公事包？大多數人猜測，裡面可能裝著新的私有化計畫或者是對政府有影響的檔案。心理學家認為，丘拜斯是故意表現出一種神祕感，試圖引起普丁的好奇心。

接著他們分析了美國總統布希與俄羅斯總統普丁的照片，照片攝於二〇〇六年七月，地點是舉行八國峰會的聖彼德堡。心理學家根據照片認為，美國和俄羅斯兩國元首各自緊扣雙手意味著，這種情形令他們不愉快，他們感覺非常不舒服。而布希左腿那種不舒服的姿勢也說明，他感覺在普丁身邊坐著不是非常有信心，同時布希用手輕輕觸摸了一下他坐的椅子，他是想讓自己保持鎮定。

另一張照片是二〇〇五年秋拍攝的，上面是俄羅斯總統普丁與白俄羅斯總統盧卡申科的會面。專家認為，白俄羅斯總統盧卡申科坐姿非常堅挺，似乎在說，如果不達到目的誓不甘休，而相反普丁則顯得比較放鬆，準備「擊退盧卡申科

的攻勢」。

而在伊朗總統內賈德與普丁在上海的會面中，內賈德的舉止非常不自然，似乎在向普丁鞠躬，而普丁此時正朝著另一方向看。事實上，伊朗總統正在等待普丁坐下。專家認為，內賈德的表情說明，他並不堅信自己的立場。

二○○六年四月，德國總理梅克爾在俄羅斯托姆斯克與普丁舉行了會面。照片中德國總理好像是在普丁面前跳舞，而托姆斯克州州長克列斯正在用讚許的眼光注視著梅克爾。心理學家認為，梅克爾的姿勢說明，她與普丁在此之前曾進行了艱難的談話，她試圖用自己的動作來緩和這種氣氛，而普丁則向上抬了抬手，這說明普丁在要求默梅克爾對會談中所提到的問題做出明確的回答。

聖彼德堡女州長馬特維延科二○○七年六月拍了一張站在普丁身邊、正在整理被風吹亂的圍巾的照片。這張照片被認為是她潛意識裡不想討好普丁。

而專家們認為俄羅斯副總理兼國防部長伊凡諾夫則表現得完全相反，他和普丁在一起的照片似乎讓人感覺他是普丁的影子。伊凡諾夫的種種行為動作，都被解讀為他完全依附普丁。

看了以上振振有辭的肢體語言解讀，也許有人會不以為然。但實際上，從他國政府首腦的肢體語言中解讀其隱含的意義，在很多國家已經列入了一項長期的情報工作。

肢體語言中隱藏著真實的重要資訊，能否準確解讀就要看你個人的功力了。但有一點要提醒大家注意的是：千萬不

要看了幾本關於肢體語言的書，就奉如圭臬，拿著書本按圖索驥，比照別人的動作鐵口直斷。

　　一個無心的眼神、一個不經意的微笑、一個細微的小動作，就可能決定了你的成敗 —— 即使這是一次千萬元級別的商務談判。微小的肢體語言，決定了我們在與他人的交往中是掌控別人，還是被別人所掌控。

國家圖書館出版品預行編目資料

官網

說話沒有邏輯，難怪被當空氣：前後矛盾、長篇大論、盛氣凌人……別再怪人不願傾聽，你應該先檢討自己！/ 劉惠丞，肖勝平 著 .-- 第一版 .--臺北市：崧燁文化事業有限公司 , 2022.10
　面；　公分
POD 版
ISBN 978-626-332-796-2(平裝)
1.CST: 口才 2.CST: 說話藝術 3.CST: 溝通技巧
192.32　111015237

說話沒有邏輯，難怪被當空氣：前後矛盾、長篇大論、盛氣凌人……別再怪人不願傾聽，你應該先檢討自己！

臉書

作　　者：劉惠丞，肖勝平
發 行 人：黃振庭
出 版 者：崧燁文化事業有限公司
發 行 者：崧燁文化事業有限公司
E - m a i l：sonbookservice@gmail.com
粉 絲 頁：https://www.facebook.com/sonbookss/
網　　址：https://sonbook.net/
地　　址：台北市中正區重慶南路一段六十一號八樓 815 室
Rm. 815, 8F., No.61, Sec. 1, Chongqing S. Rd., Zhongzheng Dist., Taipei City 100, Taiwan
電　　話：(02)2370-3310 傳　　真：(02) 2388-1990
印　　刷：京峯彩色印刷有限公司（京峰數位）
律師顧問：廣華律師事務所 張珮琦律師

定　　價：360 元
發行日期：2022 年 10 月第一版
◎本書以 POD 印製